ののペディア
心の記憶

山 口 乃 々 華

幻冬舎メディアコンサルティング

はじめに

山口乃々華です。

はじめましての方もいらっしゃると思うので、まず自己紹介を
させてください。

わたしは 2012 〜 2020 年に、E-girls というダンス & ボーカ
ルグループに所属し、パフォーマーとして活動していました。

14 歳から 22 歳という思春期真っ只中を E-girls として過ごし
たわたしは、いくつもの壁にぶつかり、たくさんの悩みを抱え
ながら進んできました。もちろん、喜びを感じたり、楽しいこ
とも同じくらいたくさんありましたが、どちらかというと辛か
った思い出、考えても考えてもわからなかったこと、モヤッと
したこと、不安だったことを文章にして残していました。その
時々の、わたしなりに真っ直ぐ向き合っていこうとした想いや、
どうにかして解決したい気持ち、それでも解決できなくて、苦
しんだり、落ち込んだりしたこと。もがきながらも、心の整理
をしていくことを大切にしていました。

放っておけば、どんどん真っ黒になってしまう心を文章にして
いくことで、わたしの内側を掃除していくような気持ちだった
のです。

そんなふうにわたしの心からどくどくと流れ出した"走り書き"を、きちんと書いてみたら？と言ってくださったのが、幻冬舎の舘野さんでした。

あるとき、たまたまお話しする機会があり、「わたしは何か思うことがあると、いつもスマートフォンのメモ欄に、愚痴のようにそれを書いているんです～（笑）」と、自己紹介のつもりで口にした言葉。そんな何気ない会話の先に、思わぬ展開が待っていました。

その頃書いていた"走り書き"は、こんなものを人に見せてもいいのだろうか……と不安に思うほど、つたないものだったのです。でも恥を忍んでお見せしたら、その場で読み込んでくださった舘野さんがチャンスをくださいました。感謝です。

ご縁というのは本当に不思議です。

あの日の会話がきっかけとなって、雑誌 GINGER の WEB サイトで「ののペディア」という連載をさせていただくことになったのです。2019 年 3 月から始まり、隔週木曜日で毎月 2 本。あいうえお ‥‥‥ と順番に、自分のなかから導き出した言葉を軸に書いていくこと。

まさか、わたしがエッセイを連載することになるなんて、夢にも思っていませんでした。

実は、その時期のわたしは、このままひとりで死ぬのだろうか、将来自分の子供に「ママはこんなお仕事をしていたんだよ〜」なんてことを切り口に、ありったけの知恵を伝えるのを楽しみに生きているけれど、そんなこともできないかもしれない——と、特別に何かあったわけでもないのに、突然そんな不安に駆られてしまうことがありました。

わたしが今、もしも死んでしまったら、これまでのかけがえのない経験から生まれた想いは、誰にも届かずに終わってしまう。それどころか、わたしのことなんて、みんな忘れてしまうのだろうか。わたしについての記憶なんて、どんどん薄れていって、親にも、友達にも、忘れられてしまうのかもしれない。そんなふうに思い巡らせて、とにかく人の記憶からいなくなることが、ものすごく怖かったのです。

でも、ののペディアを書けば、わたしの想いを残しておける。そして、伝えていける。こんなチャンスはもう二度とないかもしれない。そう気づいたとき、挑戦したい気持ちになりました。

そのとき、その瞬間の "今のわたし" をとにかく正直に思うままに書き留めたののペディア。
いわゆる思春期の終わりから、もう大人なんだと自覚が生まれた今の年齢を繋いだ連載期間は、たくさんのことを思い、知り、学び、吸収できた時間。

いくら辛いことがあっても、いくら悩んでも、わたしは今こうしてあたたかい気持ちで " はじめに " を書いています。これまでの経験と出会いぜんぶに、「ありがとう」と言いたいです。

自分の世界がどんどんと膨らんで、心が何か暗いものに覆われてしまったあなたへ。

なんだか毎日が冴えないなぁと思っているあなたへ。

思春期の面倒くささを忘れてしまった大人へ。

この本のなかの言葉たちが、あなたの心を動かすことができたら。

あなたの目を輝かすことができたら。

そして、
わたしについての記憶をちょっとだけでも、残してもらえたら。

そんな想いを込めて……。

Contents

歩く

わたしの部屋は気がつくと、わたしでいっぱいになっているときがある。
それというのは、気の持ちようなんだけど、
お手洗いに行っても、キッチンに立っても、テレビをつけても、音楽を鳴らしても、お風呂に入っても……気持ちが切り替わる瞬間がないときの部屋を「わたしでいっぱいになっているときの部屋」と呼んでいます。

どうも心がモヤモヤ、そんなときは散歩に出かけます、
すぐ疲れて帰ってしまうけれど。
信号機や車のライトが、あくびで出た涙でぼやけて綺麗に見えたり、通り過ぎたお家からふとお出汁のいい香りがしたり、楽しそうに笑う人たちとすれ違ったり……
それだけで、違う気持ちが入ってきて、とても楽になる。
歩くと部屋から出られる。違う景色を見ることができる。
思わぬ発見や出会いがあったりする。
ついつい引きこもってしまうわたしには、とても必要なことです。

歩く速度には、感情が素直に出る。
ある日、将来に不安を感じて、もうどうしようもなく頭のなかが真っ暗になっていたとき、早く家に帰りたいのに、なかなか足が思うように進んでくれなかった。

立ちすくんで座り込んでしまいたいけれど、そんなことをしていたらおかしいから、
歩かなければ歩かなければ……と無理矢理に進むのだけれど、そのときの一歩一歩というのはとても重たかった。
自分の足でないような感覚に驚いた。

行きは遠く、帰りは近く感じることもある。
歩く速度には、心の容量や状態が関係しているんだろうなぁと思っています。

歩くことは、前へ進むこと。
無理矢理にでも歩くことで、あのときのわたしは、前へ進もうとするわたし自身を助けたのかもしれない。

【歩く／あるく】

自分の気持ちを入れ替える手段。
前へ進むこと。

今

ある日、とても体調が悪くて、
わたしもうダメかも、何かの病気に侵されているのかも、と不安
になったことがあります。
そのとき頭に浮かんだのは、
「何のために生きていたんだろう？」
という後悔のような気持ち。
どくんどくんと心臓の音ばかりが聞こえた。
終わりが絶対にあるのが命だと、頭ではわかっていたはずだけれ
ど、
当たり前に未来を予想して夢を持って生きている自分がいて、
それがバタンと閉ざされることがただただ恐怖だった。

そんなふうに命の儚さについて現実的に考えてみたとき、
わたしにはまだまだ経験したいこと、知りたいことが山ほどある
んだという想いが、
体の底からじわじわと湧いてきた。

この心と体がこれからどんなふうに変わっていくのか、どんなふ
うに感じていくのか……
未来をたのしみにしていたことに気がつくと、
時間の大切さというものを身に沁みて感じる。
そして「生きているうちにわたしがしたいこととは何だろう？」

という、
大きな課題について考えるようになった。

「時間を大切にする」
「生きる目的を考える」

ありきたりなことだけれど、実行するのはとても難しい。
でもよく考えてみたら、
未来は"今"を積み重ねたその先にあるもの。
限られた時間のなか、とにかく瞬間瞬間を捕まえていくことで、
もしかしたら、少しずつでも何かが満たされて、
人生に納得するようになるのかもしれない。

そうならば、
目の前で起こることをしっかり理解して、自分の脳みそで考えて、
心で感じ取って……
と、いつもどこかで"今"にフォーカスを合わせて過ごすことが
大事だと思う。

身の回りで起こるほんの一瞬の出来事や
ふと感じた気持ちをとにかく忘れないこと。
"この瞬間を絶対忘れたくない"と思うような経験ができる人生
であること。
それこそが、今のわたしの課題なのかもしれない。

とりあえず、自分を信じてみよう。

いつか本当に終わりが見えたときに、
幸せな人生だったな、なんて思えたら最高にラッキー。
そうなれるように、今を大切にして生きようと思います。

【今／いま】

積み重ねた先に未来があるからこそ、
受け入れて、理解し、感じることが必要になる瞬間。

嘘

嘘をつかないとやっていられないときだってある。
嘘も方便と言うし、大人になるには必要なものだった。

子どもから大人にならなければいけないタイミングは、16〜18
歳あたりで訪れた。

いろいろなことに泣いて怒って悩んだ。
頭がおかしくなりそうなほど、自分自身について考えた。
初めて孤独を感じた。

誰に相談しても答えはくれず、いじわるだと思った。
今考えてみればそれは全部ヒントをくれていたのだけれど、
そのときはわたし自身に受け入れる力がなく、
何もかもから逃げ出したい、助けてほしい、と
闇の中でひとりぼっちでいる気分だった。

この仕事をしていると、質疑応答がいろいろな現場で行われる。
テレビ、雑誌の取材や撮影、事務所のスタッフさんとの面談など。

その頃、自分の意見に自信があるわけもなく、
わたしの答えはいつも間違っていると思っていた。
笑われるのも、問いただされるのも怖かった。

そこで、当たり障りのない "ザ・いい答えを言ういい子ちゃん" であることを学んで、
そのときの精一杯で自分を装って、嘘をついた。

そんなふうにしているうちに、嘘をつく自分も本当の自分になりつつあった。
いろいろな角度から自分が見えてきて、わたしがわたしのなかにたくさん存在して、
どの自分が本物か、何を信じればいいのかわけがわからなくなった。

何をしていても、モヤモヤモヤモヤ。

たくさんトレーニングをして、たくさんご飯を食べた。
太る自分も嫌なのにお腹いっぱいになれなかった。
嘘を重ねるたびに、自己否定的になっていった。

その頃の癒しはアニメーション映画をひたすら観ることや、YouTube で大食い動画を観ること。
現実逃避ができることをひたすらした。

変化の兆しが見えたのは、18 歳を過ぎた頃。
とある出来事がきっかけで、それまで何にも素直になれなかったわたしにも、自然と素に戻れる瞬間があることに気がついた。
その発見に、わたしはとても安心した。

それからは、
できるだけたくさんの人と話すように心がけた。
「人は人、自分は自分」ということをやっと認められるようにな
ってきてから、
興味のある本にはぐっとのめり込める自分に気づき、
映画を観ることももっと好きになり、
少しずつ、自分というものが見えてきた。

あとは時間が解決してくれて、
自分との信頼関係を持てるようになった。

嘘をついたからこそ、
違和感を覚え、
"わたし" との差を見つけ、
それを認め、
ちゃんと線を引こうと思えた。

大きな嘘にはならないように、
「少しだけ」が肝だと思う。
わたしは極端に考えがちなので慎重に、
その期間だけちょこっとスカーフをかぶって逃げるくらいに。
そんな嘘なら、わたしもついていい気がした。

また悩むときが必ずくると思うけれど、
何か素直になれることや好きなことを忘れずに、

そして何より自分との信頼関係を大切に、
いつも向き合っていきたいと思います。

【嘘／うそ】

自分を守るために必要なもの。
真実を確かめる作業をすることで何か新しい発見がある。

笑顔

わたしが"笑顔"という言葉から連想するのは E-girls メンバー
みんなの顔。
2018 年の『E.G.11』のライブツアー期間中、改めてそう感じた。

わたしたち E-girls は 2017 年にプロジェクトからグループへ、
形が大きく変わり、
そして人数は 19 人から 11 人になった。

わたしは、自分の意地や夢があるから、
そしてファンの皆さんへもっと感謝の気持ちを伝えたいから、
とにかく頑張ることを決めた。

それぞれが気持ちを決めて歩み出したものの、
燃える気持ちのまま突き進めば、壁にぶつかることもある。
この先への不安や、うまく物事を進められないもどかしさ。
気持ちの整理がつかずに下を向いてしまう、なんてこともあった。
メンバー同士の心がなかなか通じ合わないように感じる瞬間が少
しずつ増えていた。

そんななか、ライブツアーの準備が始まった。
リハーサルに設けた期間はこれまでよりも長い 3 ヵ月、本番期
間も 3 ヵ月と合計 6 ヵ月。

2018年の半分をみんなとともに過ごした。

リハーサル中盤、順調に準備は進んでいくものの、
ストレスがついにキャパオーバーしそうな、そんな不安定な雰囲
気が漂っていた。

ある日、メンバー同士での食事会が行われた。
そこでは、そうなるなんてまったく思ってもみなかったのだけれ
ど、
とあるきっかけから、これまで打ち明けたことのなかった本音を
話すことになった。

あの会があって本当によかったと、心から思う。

そこでは、ひとりひとりの心にあったモヤモヤを吐き出し、みん
なで共有した。
涙を流しながら話すメンバーの顔。震える声。
それなのにみんなの表情はなぜか弱ったようには見えず、力強く
感じた。

それぞれの想いを素直に受け入れられたあと、たどり着いたのは
E-girlsが好きだという気持ち。

わたしたちの心はひとつになった。

今までの暗い空気はすっかりなくなって、
サッパリと明るくなったわたしたちは前向きな姿へと変身できた。
思えばそれまでぶつかり合ったことなんてなかった気がする。
初めての経験だった。

迎えたツアー初日。
本番直前、みんなで円を作り手を繋いで、気合い入れをする。

両手から伝わってくる体温。
みんなの瞳は力強かった。

緊張と不安で、胸がぎゅっと締め付けられる感覚と、
メンバーへの絶対的な安心感。

これがグループなんだ、と思えた。
すごくあたたかくて、強くて、何にも負ける気がしないような気
持ちにさせてくれた。

こんな気持ちで初日を迎えられるのは奇跡のように感じたし、こ
んな感覚は初めてで今までのすべてに感謝したくなった。

心も体もあたたかかった。

初日のステージは、実はあまり覚えていない。

ステージの前やステージに立つその直前のことは覚えているのに、
いざステージに立ったあとのことを思い出そうとするとぼやぼや
としてしまう。
きっと自分が思っている以上に緊張していたのだと思う。

でも、そのくらい受け取ったことが多く、すべてに圧倒された証
なんだとも思う。

7都市15公演。
ファンの皆さんは、いっぱいの愛情で応えてくれた。

そしてあっという間に迎えた最終日。
メンバーの笑顔と涙がたくさんこぼれた日になった。

それぞれ思うことがたくさんあった、リハーサル期間とツアー本
番。
一緒に乗り越えたメンバーの笑顔は格別に輝いて見えて、特別で、
本当に大事だと思った。

特別だと思えるのは、
苦しい思いをともに乗り越えたから。
そうでなければ、あれだけの喜びは感じられなかったと思う。

大事だと思えるのは、
みんなにお互いへの愛があったから。

人は優しくされると、誰かに優しくしたくなる。

でも、変わらないものなんてない。
不確かで約束もない。
だからこの先は、
今までの経験が必ず糧になる。

迷子になることはないと、信じている。

気持ちを強く、
笑顔を絶対に忘れない。

すべてに意味があると思う。
すべてが繋がっていくはずだから。

【笑顔／えがお】

一緒に乗り越えたもの同士に伝わる魔法の表情。
決して孤独ではないと感じさせてくれるもの。

音楽

落ち込んでいるとき、悲しいとき、恋しているとき……
自分の心と頭だけじゃ消化しきれないものを、スッと違う場所に
さらってくれる。
さまざまな場面で寄り添ってくれている「音楽」。

わたしは胃腸が弱く、小・中学生の頃は全校朝会などの知らない
人が大勢集まったときの独特な緊張感が苦手で、よく途中で抜け
出していた。

そんなわたしがLDHの運営するEXPG STUDIOに通い始めた
のは小学6年生の頃で、電車に乗って地元の埼玉から東京まで、
慣れない環境を行ったり来たりしていた。

やはり途中で体調が悪くなる。
ドキドキと心臓が鳴り出して、冷や汗をかきながら電車が駅に止
まるのを待って急いで下車。
なんとか目的地へたどり着く。
いつもなんとかたどり着くのだけれど、ずっとこうだったらどう
しよう、向いていないのかな、と当時のわたしは不安になった。

そこで習得した対策法は、あまり自分に集中しないこと。
漫画を読んだり、寝たりして気を逸らす。

でもある日、
漫画を読み終わった途端にハッと我に返ってしまった。
ドクンドクンと心臓が鳴り出したと思ったときには、もういつも
通りジリジリとお腹が痛み出していた。

絶対に自分に意識を向けるまいとイヤホンをした。シャッフル再
生で音楽を流す。
そのとき、たまたま流れたのはコブクロの歌。
わたしの心臓がすーっと落ち着いていくのを感じた。
そしたらお腹の痛みも消えていることに気がついた。
嘘みたいだけれど、本当にどこかにいってしまった。
コブクロの歌声には腹痛までも治す効果があったなんて！
おかげで下車することが減り、不安も同時に消えていった。
大きな安心を与えてくれた。

わたしは今、E-girls のパフォーマーとして、仕事で音楽に携わ
ることができている。
何よりもこの仕事が、音楽の力の大きさに気づかせてくれる。

「支えられています」
「元気の源です」
なんて身に余るありがたい言葉をいただけたりして、
"伝えている""届けている"ということをリアルに感じる。
もっと頑張ろうと思うと同時に、大きな責任のある職業だという
ことも実感する。

音や歌詞とともにその人の大切な時間、すなわち人生に関われているということは、なんてすごいことなのだろう。
一緒にいないのに一緒にいるように思い出に残り、その人がいつかまた曲を聴いたとき、きっとその時間が蘇る。

わたしはボーカルのように歌声で音楽を伝えているわけではないから、
パフォーマーとして、ダンスでありったけの思いを伝えようと励んでいる。

ライブでは、目には見えないパワーを、どうにかしてファンの皆さんに渡したいと思っている。
心でたくさん願う以外にやっぱり方法はないのだけれど、それでも帰る頃にはさらに笑顔になって、心の天気を晴れ続きにしてもらいたい。

神秘的な音楽の力。
わたし自身が体感したものはほんの一部分で、もっといろいろな形で存在しているのだろう。

どんなものがあるのだろう。
やっぱりまだまだ知らないことだらけ。

【音楽／おんがく】

日々に寄り添ってくれる存在。
目には見えない繋がりを生み出してくれる。

変わる

何もかも変わる。
変わらないものなんてないのだと思う。

わたしは今 21 歳。

日常に溢れている小さな、なんてことない出来事がいつのまにか
心と体に影響を与え、いろいろなところを変化させている。
それらは、わたしという窮屈なものから抜け出すために必要なも
のばかり。

毎日毎日、
地球はぐるぐる回っていて、
さっきまでとは違うことが簡単に起きる。
そんな世界、変わらないものなんてやっぱり存在しない、と確信
する。

突然周りから突き放された。
今まで信じていたことが全部くだらなく思えた。
そんな感覚になったことがある。

ハッと突然にえぐられるような苦しい気持ちのあと、自分と向き
合い考えてみれば、他の力に頼りすぎていたんだということに気

がついた。

家族と友達とでは距離感に違いがあることを知り、人間関係にいろいろな種類があることを知った。

まるまる共感できる、してもらうなんて期待しないほうがいいことを学んだ。
同じ時間は続けられない、続かないことも学んだ。

学んだけれど、
何もかもをそんなふうに受け入れ、かつて信じていたものを忘れてしまうのは、
すごくさみしいことのような気がした。
できればずっとずっと変わらずに続いてほしい。そんなものばかりで溢れている。

変化を"仕方ない"と受け入れることと、
すべてを"嘘"にしてしまうのとではかなり違う。

わたしは、
"嘘"にしたくない。

この心で感じたあたたかさを、
たとえそれが失われてしまったとしても、わたしは忘れずにいたい。

忘れたほうが楽なこともあるだろうけれど、そんな楽をしてしまっていいのだろうか。
目を逸らさずに、向き合って、
わたし自身が忘れずにいる、ということこそがとても大事な気がする。

今ここにはなかったとしても、
大事にしていたいことは大事にしていればいい。
失くしてしまわなければいい。

そんなふうに考えたら、さっきまでのさみしさが少しずつ溶けていった。

変わるから進んでいける。
変われるから希望がある。

いつだって、何かを学んでいたいし、成長していたい。
まだ知らない気持ちがあって、
まだ知らない世界がある。
それらを知るたびに、わたしがどんどん広がっていく。

そして、今がどれだけ幸せで、
今がどれだけ満ちているのかも忘れずにいたい。
どんな状況だったとしても。

もしも、繰り返す朝と夜が同じに感じてしまったとき、
それは、何かを見て見ぬふりしているときかもしれない。
当たり前にあること、それから目の前にいる人のこと、他の誰で
もない自分のこと……

必ず何かは起きていて、何かが始まっている。
一瞬でも同じ時間というのは存在しない。
何も気がつかなかった、なんてことにならないように、
これからも変化を受け入れていたい。

【変わる／かわる】

どんどん広がっていくこと。大きくなること。
大事なものを見つけて、忘れずにいること。

季節

思い出や記憶はいつも季節とともにある。

あのぽかぽか太陽の匂いがした日、
あのじめっとした空気に汗ばむ日、
あの夕焼け空が綺麗だった日、
あの吸い込んだ空気が冷たく肺に入る日。

こうして何気ない季節の気配を並べるだけで、きっとそれぞれの心に思い出されるものがあるはず。

春の訪れは風の匂いが変わった頃。

花粉症の人にとっては大変な季節だけれど（わたしも今年から花粉症デビューしました）、それでもやっぱり満開の桜を見るとうっとりするし、
ぽかぽかといい天気の日はまあるい空気がわたしを包んで、幸せを全身で感じることができる。

春の、風の温かさやそれが運んでくる柔らかい太陽の匂い、イメージはたんぽぽや桜の黄色やピンク。
わたしは春が好きです。
落ち着きがなくて、どこかいつも楽しげで。

梅雨が過ぎたら、夏がくる。

じめーっと汗をかいて、ものすごく暑い日は空気が歪んで見える
ほどの熱気にやられてしまいそうなのだけれど、クーラーが利い
た家に帰るのは至福の瞬間。
聞こえてくるのは蝉の声。
心地いいのは海のザザーッという波の音。
ワクワクするのは夜。
浴衣を着てお祭りへ。
屋台で買った焼きそばは、それ自体が熱いのか、気温が暑いのか、
わけがわからなくなるけどものすごく美味しい。

夏は、今まで知らなかったことを知れるような、そんな勢いを連
れてきてくれる気がする。

台風が過ぎたら秋になる。

秋は空気がとっても良い。
とにかく空が綺麗で、地球のとてもいい姿を見られた気持ちにな
る。
木の葉も枯れて、金木犀の香りがして。
ベランダでゆっくりするのが幸せだと感じる。
日の出の頃、ふと目が覚めたとき、わたしはカーテンを全開にし
てじーっとしている。
夕焼け空、こんなに色が混じるものかと見惚れる。

切ないけれど明日も頑張ろうと思う。

秋に派手さはないけれど、今あるものをすごく大事にしたくなるような、当たり前のありがたさを教えてくれる季節だとわたしは思っている。

冬は吐く息が白くなったら。

温かさを求めて鍋を食べたり、もこもこの服を着たり、より人と会いたくなったりする。
月が銀色に輝いて星がキリッと見えるとき、深く息を吸い込むと冷たい空気が沁みる。
側に誰もいないと、とんでもなくさみしいけれど、あたたかい気持ちをくれた人たちを思い出す。
手足がかじかんで風の冷たさ、空気の寒さに涙が出そうになるけれど、人の目はうるんで輝いて見える。

冬は、まっすぐに人と向き合うことがより素直にできる気がする。

季節は皆さんに、何を連れてきてくれますか？

【季節／きせつ】

思い出や記憶とともにあるもの。心をより色鮮やかに、豊かに、
心地よくしてくれるもの。

空想

空を飛ぶ蝶々と、海を泳ぐエイは、もしかしたら同じかもしれない。

ふとそんなことが思い浮かんだ。

きっと何もかも違うんだろう。
でも、細かいことは、忘れてしまった。
同じように、青い中を気持ちよく生きている姿、
それだけを見ていたら、似ているなぁなんて思った。

くだらなくて、わけがわからないことなのだろうと思うけれど、
空想の世界は広いし自由だ。

サンダルを履いて、ペタペタと道を歩く。
暑さにやられながらぼーっと考える。

わたしたちは何に似ているのかな。

プールに泳ぎに来た。
なんてことない、普通のプール。
太陽の光だけが綺麗に入るけれど、それ以外はごく普通のプール。

一心不乱に泳いでいる人、ゆったり泳いでいる人、泳ぎの特訓を
している人。

いろいろな人が向かいから泳いできて、すれ違って、その人たち
が起こす波に逆らってわたしも負けじと泳ぎ進める。

こうして水の中にいると、
なんだかみんな、人じゃないみたいに見えてくる。
人間水族館というと気持ちが悪いけれど、水の中で生きている動
物みたいで、喩えるとペンギンみたい。

水の中にいれば、人間もペンギンになれる。

もし、ここが本当の海だったら……
もし、もし、もし、って、楽しいことばかり浮かんできた。
ペンギンになるのもいいな。

心から雑音しか聞こえない日もある。
隙間がない日だってある。

自分を取り囲むいろいろなことが、自分をがっかりさせたとして
も、
周りをうまく見られなくなって、焦ってしまったとしても、
悩みとはかけ離れた、なんでもない世界へ、

空想の世界へ、
遊びに行くことができるんだ。

思い込んで、信じ込んで、
その時間だけでも楽しむことができるんだ。

十分遊んだら、心の広さがわたしに戻ってきて、
あーあ、なんてちっぽけなんだろうわたし、
と思えたら、それでいい。

【空想／くうそう】

好きなところに好きなだけ好きなものを思い浮かべ、
楽しむこと。

結婚

結婚ってまだまだ現実味がない。
わたしは、どんなタイミングで、何を決心して結婚に至るのだろう。

大人になったら、当たり前にするものだと思っていたけれど、本当にできるのかな？
そんなことを考えている。

占いを読むのが好きで、
「何歳のときに結婚します」とか「何歳のときにいい人が現れます」とかを調べるのだけれど、
その通りになるわけないじゃん、と心のなかのわたしがいつも言う。

やはりまだまだ現実味がない。

でも、思い描く夫婦像というのはあって、
例えばハプニングが起こった場合や、ケンカしたあとなど、
ピンチのときこそお互い寄り添い合う気持ちを持てる関係でないとダメだと思っている。
お互いの譲れないところを理解し合うのも、きっと大切。
そもそもの感性や道徳心があまりにも違うと、さすがに苦しい気

がする。

もちろん、うれしい時間、楽しい時間、あたたかくて優しい時間も、同じくらいの温度で受け止められていたら最高。

ふたりの匂いでいっぱいの家には、柔らかい陽射しがたっぷり注いで、
朝早く起きれば、一緒に温かいコーヒーを飲みながらほっとして、
夜はふたりでゆったりとソファに沈んでうとうとしたい。
スーパーへ買い物に行ったら、カートを押す背中を後ろからぼーっと見て、
頼もしく思ったり、振り返る顔に安心したり……

日常に溢れるさりげない幸せが、心のタンクを満たしていくのだろう。

・・・

あれこれと並べてみたけれど、
いざ結婚を決めるときには、思い描いた通りにはならないことくらい、わかっている。
自分のなかに条件的なものが多ければ多いほど、
いろいろと考えてしまうのは当たり前で、窮屈になってしまうだろうから、
結局は、ビビビッとくるものだと信じたい。

ビビビッと直感が教えてくれるものだと信じたい。

・・・

そもそもの問題になってしまうのだけれど、
結婚という約束をしたふたりの "関係の強さ" はどのくらいのものなのだろう。

もし、結婚したら、
その人と家族になるのだから、
わたしはこれまでの人間関係のなかで最も強い絆を、今までの人生で感じたことがないくらいの心強さと安心感を、持ちたい。
そのためにこそ結婚するのだろうと思っている。
そういう関係を築くには、もちろん時間はかかるだろうけど、何かが噛み合わなくて不安になってしまう、とか、そんなのは嫌だ。

でも、それほどまでに強い関係を、果たして人は築けるのか。

そしてもうひとつの "そもそも問題"。
わたしの性格上、人とずっと一緒に生活するなんて、できるのだろうか。
もしかしたら窮屈でたまらないかもしれない。

どうしてもその人の嫌な部分しか見えなくなってしまったらどうしよう。

自由は確実に減るだろうし……

と、なると、
結婚の良さって何だろう。
結婚しなくても、他にもいろいろな"幸せ"の形はある。

今のまま歳をとって、ペットとか飼って、子どものように可愛がって育てて、わたしの一番の味方になってくれて。そこには確実に愛があるはず。

夜遅く帰っても、どこに行って何を買おうとも、誰も何も言わない。好きに過ごせる。
いつか行きたい！と夢見ているあの国やあの場所に行ったとしても、自由気ままに、何も考えず、思いっきり楽しめるだろう。
一生いろいろな人と出会い続けて、新しい発見があったりもして。
それはそれで魅力的な生活だと思う。

魅力的なはずなのに、
それでもやっぱり"結婚して家族ができる"という形を、わたしは捨てきれないみたいだ。
どうも惹かれてしまう。

わたしと、いつか現れてほしいビビビッときた人と、ふたりで作る家族。

今のわたしにとって"結婚"の魅力は、
「家族っていいなぁ」と思う素直な憧れの気持ち、
これに尽きるのかもしれない。

愛があり、思いやりを忘れず、お互いをまるごと受け入れていれば、
心が離れないように努力し続ける気がするし、一緒に過ごすことも普通になるのかも。
確かな関係が築けるのかという不安は心配しすぎで、自由がないというのはわたしの決めつけなのかもしれない。

"結婚"、そのあり方は、結局はわたし次第なのだろう。

あれこれ考えてみたところで、結婚するのかわからないけれど。
何かにワクワクしているわたしがいる。

【結婚／けっこん】

わたしの夢物語。

恋

女の子が集まって、ちょっとした秘密を見せ合うみたいにドキド
キしながら繰り広げられるのは、恋の話。
あれよあれよという間に心が溢れ出して止まらなくなる。

わたしの友達は、恋をしている子がほとんどだ。
それは"誰か"だけでなく、"何か"に夢中になっているという
意味でもあるのだけれど。
みんな熱いハートを持っている。

恋をしている女の子はパワフルだ。
こんなことがあった、あんなことがあった。
うれしかった、幸せだった、困った、心配した……と心は大忙し。
あっちこっちに飛び回る心を抱えながら、仕事をして、日常を過
ごしている。
そんな姿は、恋をしていないときよりもなんだか輝いているよう
に見えるのだから、"恋"のパワーはものすごいと思う。

でも、いいことばかりじゃないのは当たり前。
恋をしているといつだって悩みが生まれる。
それはちゅんっと、ほんの小さなできものみたいだったとしても、
対処しなければ、あっという間に大きな腫れになってしまう。
その腫れは、相手と向き合うことでしか治せない。

いつもははっきりと自分の答えが見えているあの子にだって、それは難しいこと。

「好き」はとてもシンプルなのに、ものすごく難しい問題に感じる。
考えすぎなのだろうか。
わたしにはまだ答えがわからない。

でも最近発見したことがある。
もしかしたら、恋愛は、自分の鏡なのかもしれない。

「恋人は自分の鏡」という意味ではなく、
恋愛をすることそのものが、普段はなかなか客観的になんて見られない自分自身を改めて見つめるきっかけになる、ということ。

そうやって自分を観察するなかで得た、勝手な持論は、
恋には、誰もが素直になっていいのではないか、ということ。
普段はなかなか素直になれないわたしも。
素直になることが許されている、唯一の人間関係くらいに思っている。

ある意味わたしにとって恋の相手は、家族のようなそんな類の気の置けない関係。
しかし、家族と違うのは、好き！と思ったら、好きと伝えやすいこと。

会いたい！と思ったら我慢しないで、その気持ちを相手に伝えたい、と思うこと。

どうせ恋をするなら、本気で好きになって、本気で相手と関わりたい。

それが、今のわたしが考える恋。

でもいつかは、もっと器用に、もっとうまく心を整理整頓して、相手と向き合えるようになりたい。

【恋／こい】
自分を知ること。

さよなら

胸の奥底が重たくて苦しい。

楽しかった時間との、それをともに過ごした人との、さよならの
瞬間。

これまで、何度となく経験してきた。
ありきたりに日常に溢れているし、
いちいち感傷的にならないほうが生きやすいとわたしは思う。

でも今回は、今までスルーしていた「さよなら」の瞬間の気持ち
を、思いっきり見つめてみようと思う。
実は、大したことない……なんて思っていないことに、気がつい
てしまったから。

・・・

「さよなら」から連想するものは何だろう。
例えば……その日の終わり。
生まれてから、何度も何度も経験してきた。
一日には必ず終わりがくる。
夜お風呂に入って、深夜のニュース番組が始まったりするときに
ポッと感じる、なんとも言えないさみしさ。

『蛍の光』の音楽にも「さよなら」を感じる。
学校帰りのあの道、家に帰らずにいつもの場所で友達とずーっと話していたら、ふと流れてきた、あのスピーカー音の切ない感覚。

夕焼け空。
空の色がさっきまでの明るさから変わり始めて、黄金色に染まったとき。
なんとなく、やっぱりさみしい。
一日の終わりとは少し違うさみしさ。

鍵を閉められたときの音。
人と別れたあと、わたしがその場を去る側だと聞いてしまう、あのガチャン！の音。
ひとりになった途端、しん、と静まる空気。

・・・

大きな「さよなら」は十分な覚悟をして迎えることができる。
でも、日常的な「さよなら」には、何度も繰り返すうちにある意味慣れてしまっている。
その「さよなら」に、わたしはこっそりやられていたのだった。

小さく小さくして、何もなかったかのように遠ざけたいのだけれど、さみしいね、どうしようもないねって、心のなかでいつも思ってしまう。

仕方ないことだから、割り切るしかないのだろうか。

次の約束を思えば、
何かもっといいものを感じていれば、
気楽にやり過ごせるんだろうか。

このままでは、いつしか大きな孤独となってわたしに返ってきそうで、少し怖い。

わたしはどうにか、
さよならの瞬間を、いい塩梅で理解していきたい。

終わらないと何も始まらないことは知っている。
ゴールがある、ということの素晴らしさも知っている。
さよならは何かの区切りであることは確かだ、とも思えている。

・・・

そういえばある人に、物事にはいつも逆のことが起きていると教わった。
逆があるから、バランスを保てている。

だったらもうスルーなんてしないで、思いっきり感じるままに
「悲しい」
「さみしい」

を受け取って、そのぶん、逆にあたる、
「幸せ」
「楽しい！」
というあたたかい気持ちが、今まで以上に膨らんでいくことを希望にするしかないのかもしれない。

きっと果てしない。
生きているからこそ、こればっかりは逃げられない。
何度も繰り返すんだ。

そのぶん、いいことがきっとあるんだ。

そう思っておこう。

【さよなら／さよなら】

繰り返していくもの。
慣れてしまうかもしれないけれど、慣れたくないもの。

信じる

"信じること" が持つパワーは偉大だ。
例えば、自分を信じる、ということ。

「わたしは他の誰かにはなれない。わたし以外にはなれない。仕
方ない」

初めてその現実を知ったときは、ショックだった。
今考えれば、きっと誰もがわかっているようなこと。
さほど特別なことではない、と思う。

でも当時のわたしには、いつか "今とは全然違う、自分じゃない
誰か" になりたい願望があったので、それが叶わない現実を知る
ことは大事件だった。
わたし、このまま変わらないんだ……と心底がっかりした。

具体的な夢や目標があるわけでもなかったけれど、
まだ知らないものや、もっと素敵な何かを思い描いて、心ときめ
かせていた。
将来のことすべてが、まだまだ先の、手の届かない遠くの世界だ
と思っていたあの頃。
自分がどうなりたいのか、どうすればよいのか、なんてわかるは
ずもない。

ただ漠然と世界が変わることを祈ることしかできなかった。

そして、入学と卒業、小さな挑戦を重ねていくうちに、自然と広がっていったわたしの未来。

どうしても叶えたい何かが見えたとき、人は一歩、大人になれるのかもしれない。
叶えたい夢があると、それに向かって何か行動してみたくなる。
祈るしかできなかった子どもの頃とは大きな違い。

実際に行動していると、不安になることがある。挑戦には不安がつきもの。

そんなとき、心のなかで、おまじないを唱える。

「自分を信じてみよう」

信じると言ったって、
こんなわたしを信じてしまっていいのだろうか、と悩むこともしょっちゅうだけれど。
そのたびに、どんな不安があったとしてもこれまでなんとか歩いてきたのだから、きっと大丈夫、と自分で自分を励ます。

気がつけば、"他の誰か"になれなくたって、わたしが、わたし自身を自由な世界へ連れて行けたらもっと楽しいだろう、と思え

るようになっていた。

"自分を信じている"。そのことがとても大きな勇気を生むことを
知った。

すべての選択において、自分の一番の味方になれるのは他の誰で
もなく、わたし自身。
迷ったとき、不安になったとき、あのおまじないを頼りなく思う
のか、心強くなれるのか、それもわたし次第。

自分は自分でしかいられないという現実の厳しさは変わらないけ
れど、その事実こそが"自信"を生み出し、不安を拭い去ってく
れる。

地面にしっかり足をつけて、一歩一歩進んでいきたい。

自分を信じることは、自分を強くしてくれる。
わたしを信じてみる気持ちを、いつか大きな"自信"へと変えて、
どんな悩みも、軽々と乗り越えてやりたい。

nonopedia

【信じる／しんじる】

強くなるために欲しいもの、
身につけたい力。

no.13

住み処

海の中をぐんぐんと、泳いでいく。

青い世界に、淡い黄色や、白い光がちらちらと差し込んでいる。
きっと太陽の光だ、今日は晴れかぁ、とわたしは思う。
光たちは、ゆらゆら揺れて柔らかくて、まあるい世界がそこには
あった。

音は聞こえない。冷たくも温かくもない。匂いもしない。普通に
息もできた。

ふと、わたしはなぜここにいるのか、ここはどこなのか、何もわ
からないことに気がついた。

でも、わからないことより、海の中にいることがあまりに心地よ
かったので、
「まぁいいや」と考えることなんてすぐに放り投げた。

突然水がぐわんと歪んだ。
目に見えていた景色、どこもかしこも歪んでしまって、頭が変に
なりそうだ。

水の流れが強くなったのか、体が押されどこかに運ばれている。

ぐわん、ぐわん、と、まるでのび太くんがタイムマシンに乗って、
過去やら未来やらに行くときの周りのあの景色に、飲み込まれて
いくような感覚。

ハッと、目を開けた。
あたりを見渡してみたけれど、特に何もなく、しんとした静けさ
が怖いところだった。
なんとなく、さっきよりも濃く、深い場所に来たことは感じられ
る。

ふにょっと何かがわたしに触れた。
イルカが、わたしのすぐ横をゆったりと泳いでいた。

こんなに近くでイルカを見られて、しかも、触れるなんて！とワ
クワクした。
あとを追ってみることにした。
すぐに追いつくことができたので、もう一度、触ってみようとイ
ルカに頭をこすらせてみた。

温かくて、ほっとした。

本当の温度なのか、あたたかい気持ちになっただけなのかは覚え
ていないけれど、
イルカを触ったときの感触は、ツルツルでキュッキュッとしてい
て、冷たいものだと思い込んでいたから、

温かいんだ……と、とても驚いた。
そのままスイスイと泳ぎ続けた。

頭が冴えてきて、目が覚めた。
いつもの天井が見えた。

・・・

これはわたしがいつか見た夢の話。

夢なのに、実際にそんなことがわたしの身に起きたような、変な
気分になってしまう。
それはとても不思議な感覚で、ひとつの記憶としてきっちり残っ
ている。

平和で、自由で、穏やかな夢は、
安心してのびのびと泳ぎ回ることができる、心の住み処のような
もの。
いつでも行けるわけではないけれど、肩の力がふっと抜ける、ガ
チガチに固まったわたしを救ってくれる世界。
元々のわたしが戻ってくるような、そんな大切な場所だ。

朝のアラーム音でハッと我に返り、現実の世界での生活を始める。

“つまらない”と感じてしまうときもある。

"どうしても向き合わなきゃいけないこと" だってあるのがこの世界。

けれど、部屋の外に出れば、海の中よりも、太陽が照らす空間はずっと広い。
力強く、確かな、わたしの居場所を感じた。

ここにもしっかりある。

否が応でも前向きな気持ちにさせてくれる、大きな大きな力。
昨日起きたこと、それから今日することを考えるとき、そっとあたたかなエールを送ってくれている。

どこに生きていても、どこに住んでいても、その場所が発するメッセージをわたしがキャッチさえできれば、
いつだって世界は味方になってくれる。

あまり、深く考えすぎないこと。でもしっかり向き合うこと。
住み処は、あらゆる場所に存在している。

nonopedia

【住み処／すみか】

わたしを元通りにしてくれるところ。
前に進む力をくれる場所。

青春

まずい。
あの先輩に挨拶したのか、していないのか、忘れてしまった。
少し遠いところから、わたしはひとりもじもじしながら、ついさっきの記憶を遡っていた。

何度も挨拶するのも失礼だろうか……と考えつつも、とりあえずもう一回しておこう、と挨拶をしに行った。
ただの挨拶なのに、冷や汗をかいた。

いよいよ足を踏み入れた大人の世界。
何気ない行動も命取りになる、なんて大げさに考えながら、慎重に慎重に行動していた。

それでも、失敗してしまう。
こんなふうに、挨拶したのかしていないのかすら忘れてしまうくらいなのだ。

あの頃は余裕がなく、覚えなければならないことも多かったので、いつもあたふたしていた気がする。
今になってみれば、不安なら挨拶は何度だってしに行けばいいし、相手もそんなことで怒るような先輩ではなかったのに、
冷や汗をかいていたなんて、そんなメンタルでよくやってこられ

たなぁと笑えてしまうくらいだ。

経験してみれば、怖くなくなることもある。
わからないから、怖く思えただけだった。

くだらない悩みも、深刻な悩みも、解決するためには、一歩踏み
出す勇気が必要だ。

とにかくやってみるしかない、と思い、その勇気をなんとか身に
つけてきた気がする。それも青春だな、と思う。

わたしが想像し、憧れていた青春は、とにかく明るいものだった。
例えば、恋の話で盛り上がったり、お腹がよじれるほど笑いあっ
たり、美味しいものをたくさん食べたり……
もちろん、そんな楽しいこともたくさんあったけれど、
他には何も考えられなくなるくらい悩むこと。
それほどまでに、わたしを占める何かがあるということ。

もちろん、これも青春、なんて落ち着いて受け止めてはいられな
いほど、大ピンチな瞬間もある。
それでも、頭も心もいっぱいいっぱいにして、何かのために悩む
ことは、解決という明るい未来に向かっているということ。

なるべく "つらい" という気持ちばかりにしたくない。
わたしはできる限りでいいから、これも青春だなぁなんて思いな

がら乗り越えていきたい。

わたしにとって、わからないって希望だな、と思えた。
知らないってワクワクするな、と思えた。

まだまだ青春真っ只中なのかもしれない。
"青春"という言葉のイメージから想像するキラキラしたものに、
憧れていたけれど、蓋を開けてみたらそれだけではなかった。
キラキラしている楽しいことがあるのと同じくらい、考えること
もたくさん必要な時期だ。

時が経てばまた、イメージが変わるのだろうか。
もしかしたら、わたしの今も、結局はキラキラした青春に見える
のかもしれない。

そんなプレゼントもあるかもしれない。

たとえ今は理想と違っても、迷っても、悩んでも、それでいい。
それがいい。そう思える日がきっとくるから、一歩一歩、踏み出
してみよう、と思っている。

nonopedia

【青春／せいしゅん】

あとから贈られるかもしれない、キラキラしたプレゼント。

側にいること

自分の問題なのだから、
誰かを頼りにしてはいけないような、
誰かに寄りかかってはいけないような、
そんな気がしていた。

側にいること。
近くにいること。
たったそれだけの行動が、あのときのわたしを、大きな安心感で
包んでくれた。

隣にいる人の体温と、呼吸を感じる。
それだけ。

・・・

一人前になるためには、誰にも頼らず、わたしが持っているこの
足りない脳みそで、考え抜くことが必要だと思っていた。

誰かに相談しようとしてみるけれど、
わかってもらえないだろうな、と諦めることや、
今さらこんなことを話したところで、意味ないか、と、スッと冷
めた気持ちになってしまうことがあった。

わたしの勝手な妄想かもしれないけれど、
そんなときに決まって感じていたのは、周りとわたしの心の距離
が、昨日よりもさらに遠いこと。
このまま日を重ねるごとに、どんどん離れていきそうで、取り返
しがつかなくなりそうで、怖かった。

助けてほしいのに、誰に、何を、どこから話したらいいのか、わ
からない。
どうしたら、助けてもらえるんだろう。
何を言っても、もう届かないんじゃないか。

そう思うと、ポツンと、わたしだけ暗い世界にいるような気持ち
になった。
みんなはいいな、明るくて、楽しそうで、何かに守られているみ
たいで。
きっと違う世界なんだ。
羨ましい。

なんて思ったりもした。

そんなとき、さりげなくわたしの隣に来て、座ってくれた人がい
た。
何気ない行動だったのだろう。
けれど、わたしは大きく安堵した。
隣で呼吸をしているのがわかる。

体温を感じられる。
それだけで、さっきまでの暗い思い込みの世界から、ちょっとず
つ抜け出せそうな気がしてきたのだ。

助けられた。
ただ側にいてくれただけなのに、
救われてしまうなんて、
側にいることにそんな力があったなんて、知らなかった。

もし、わたしが逆の立場なら、
下手に何かしたら、傷つけてしまうかもしれない。それなら、近
づかないほうがいいんじゃないか……
と、距離をとる選択をしていただろう。

でも、
このときの経験から、
ただ側にいてくれるだけでいい、ということに気がついた。
それだけで、ちゃんと伝わるものなのだ。

何をそんなに強がっていたのだろう。
背伸びしているのかもしれない。
子どもの頃のように甘えることはもうできないし、
誰かにわたしのすべてを託して、しがみつくこともやっぱりでき
ないから、
今は、このまま少し背伸びをし続けるしかないのかもしれない。

でも、側にいてくれた人には、
少しだけ寄りかかってもいいんだ。
それは、許されているみたい。

今度は、わたしが誰かの側にさりげなく寄り添えるような人になりたい。

【側にいること／そばにいること】

ただそうしているだけで、人を救えること。

no.16

タイミング

いつもならスムーズに行けるはずの道も、時間に余裕がない日に限って、いちいち赤信号に引っかかったり。

向かいから歩いてきた人と、何回も同じ方向によけてしまって、なかなか進めなかったり（ちなみにこの現象には「連続回避本能」という名前があるらしい）。

些細なことばかりだけれど、ひとつタイミングがずれると、とことんダメな日になったりする。
落ち込んでいるところに追い討ちをかけるように、とんでもない大失敗が待っていたりするのだ。

あぁ、もう！　いつもは、そうじゃないのに！
なんで今日に限って〜！と、
そのタイミングの悪さに腹を立てることもある。

反対に、タイミングが良い日もある。

拾った落とし物が、たまたま好きな人の物だったり（なかなかないか……）。

家を出たら、虹が出ていたり（これも、なかなかないかな……）。

コンビニのおでんが全部でき上がっている状態だったり。
スケジュールがすべてスムーズにいったり。
失くしたと思っていたものが、必要なときにしっかり見つかったり。

ラッキー！と思えることが積み重なるほど、気分も上がって、その日一日は上機嫌で過ごせる。

でも、話はそんなに単純じゃない。

例えば、
出かけよう！と計画していたのに、ハプニングが起きてしまって、物事が思うように進まず、目先の楽しさが消えてなくなってしまったとする。
そうすると、今日はあまりいい日にならないな……とそのときは感じてしまうと思う。
「とことんダメな日」になることを想像してしまうのが自然な流れだ。

でもそのハプニングは過ぎてみると、結果、よかったな、そうあるべきタイミングだったんだ、なんて思えることを連れてきたりする。

なんだかんだ、ラッキー！

そんなふうに思えることが、きっとあるはずなのだ。
そんなに悪いことばかり、良いことばかりなんてことはないだろう。

自分の心の状況を、良い意味でも、悪い意味でも乱してくる「タイミング」。
振り回されてばかりでは困るけれど、やっぱり逃げられない。
あれもこれもあるのが日常で。

タイミングを摑めずに招いてしまった失敗には、後悔することも、落ち込むこともあるけれど、なんだかんだ笑い話に変わったりもするし、
逆にタイミングの良さから巡ってきたハッピーが、わたしを笑顔にしてくれることもたくさんある。

良いも悪いも含めて、たのしく生きられたらなぁと思う。

nonopedia

【タイミング ／ たいみんぐ】

こればっかりは運。
いろいろなものを運んでくる。

茶

祖母が点ててくれた抹茶が大好きだった。
言葉を話すようになって間もない頃のかすかな記憶。

初めて飲んだ抹茶は、苦くて、甘くて、ふかふかしていた。

それから抹茶が好きになって、祖母の家に遊びに行くたび、抹茶
を飲んだ。
祖母からもらった大きめの女の子の人形には、抹茶への愛が止ま
らず "まっちゃん" と名付けた。
まっちゃんとは、あちこちに一緒に行った。
髪の毛をとかしてあげたり、三つ編みにしてあげたりして、仲良
くたのしく過ごした。

そんなある日、スーパーのアイスクリームコーナーに、抹茶味の
アイスクリームがあるのを見つけた。
母におねだりして買ってもらった。
バニラでもチョコレートでもなく抹茶。
その選択は、ちょっとお姉さんになった気分を味わわせてくれた。

ワクワクした心で、抹茶色のそれにスプーンを差し込み、舌の上
へと滑らせた。

期待は、口の中に広がったひんやりした感覚とともに、すぐに消えた。

驚いた。あまりに違う味だった。
苦いのに、砂糖の味がした。

わたしの知っているあの抹茶ではなかったのだ。

そうしてわたしの抹茶ブームは去っていった。

・・・

茶といえば、わたしは昔から茶色い食べ物が好きだ。
茶色い食べ物には美味しいものがたくさんある。

ひとつに絞るなんて、できないくらい。

唐揚げ、ハンバーグ、カレー、炊き込みご飯、焼きそば、ミートソーススパゲティー、カニクリームコロッケ……
茶色い食べ物は、わたしのメンタルをさまざまな方向から支えてくれている。

幼い頃、ピーマンが苦手だった。
けれど、どう考えても美味しくないと思っていたはずなのに、ピーマンの肉詰めになった途端、食べられるようになった。

むしろ美味しかった。
ピーマンのストレスから、ハンバーグが救ってくれた。

小学生の頃、リビングで寝落ちしたわたしは寝言で「給食のカレ
ーライスが美味しかったんだ」という話をしていたらしい。
夢にまで出てくるなんて、かなり好きなのだと思う。
小学生なりに疲れた心と体を、夢のなかのカレーが救ってくれた。

上京して、一人暮らしを始めて少し経った頃、ホームシックにな
った。
実家は東京から近いので、帰ろうと思えばすぐに帰れる距離なの
だけれど、忙しかったのでそうもできず、ひとりさみしさに耐え
た。
そんなとき、炊き込みご飯を作った。
まるで実家にいるみたいな気分になれた。
さみしさでやられてしまいそうなメンタルを、炊き込みご飯が救
ってくれた。

わたしの人生のなかで、
"茶" は、つくづく重要な存在だ。

・・・

ちなみに、抹茶は大人になってからまた好きになった。
コンビニで、カフェで、レストランで、"抹茶" という文字が書

いてあるとちょっと特別な感じがして、注目してしまう。
あの頃の気持ちが蘇ってくるようだ。

これからもいっぱい"茶"をいただきたいと思う。

【茶／ちゃ】

そのことを考えると少し気分が上がる。
わたしの平和。

月

月に願いを。月に祈りを。

満ちたり欠けたり、毎日姿を変え続ける月。
そんな月の影響を受けているわたしたち。

ちょっとスピリチュアルな、目に見えない世界とか、知らぬ間に
与えられている力とか、そんな話が好きで、
月が今どこにいて、どんな力を持っているのか……なんてことに
も興味がある。

占いも毎日欠かさずにチェックして（星占いだけど）、新月にな
れば願い事をすることもある。

新月の日に、A4 のコピー用紙に 3 つ願い事を書いて、実家のリ
ビングの壁に貼り付けたことがある。
友達が遊びに来たときに、恥ずかしくなって外してしまったのだ
けれど。
それにそういうのって、きちんと調べたら正式なやり方があるよ
うな気がするし、壁に貼ってよかったのかも、どうだかわからな
い。

でも、願いを叶えたいその想いのままに、新月に一生懸命お祈り

した。

あのときの、ワクワクした気持ちを今でも思い出す。
もしかしたら、叶ってしまうのではないか、願った道に導かれて
いくのではないか、なんて、夢を膨らませた。

新月は、そのときは何も見えなかったとしても、満月へ向かって
少しずつ少しずつ膨らんでいく。
そのあり方は、想いが現実になる姿のようで、信じていれば、願
いを叶えてくれる力があるらしい。

いつだって、空を見上げれば月がいて、
どこに行くにも、ついてくる。

その綺麗な光にうっとりして、地球の素敵な瞬間にぞくっとした
りもする。

やっぱり月は、偉大な力を持っているに違いない。

新月への願い事、またしてみようと思う。
今度もワクワクするような想いを乗せて。

・・・

わたしは7、8年前からずっとヨガを続けている。

好きな運動のひとつであり、長く続いている趣味でもある。

ヨガのクラスに行くと、
今日は○○座の新月です。○○座の満月です。もしかしたら、こ
ういう影響があるかもしれません、なんてことを教えてくれる。

だから今日は感情がうまくコントロールできないんだな、とか、
暗い気持ちになっているんだな、とか、
いくら食べてもお腹いっぱいにならなかったんだな、とか、
いつもと違うことが起きると、わたしはそんなふうに月のせいに
してみたりする。

月のイタズラだから、仕方ない。
月ってばも〜。
なんて思えば気が楽になる。

・・・

月に願ったり、月のせいにしたり。

月からしてみれば、都合の良いことばかり言うんじゃないよ、な
んて思うだろう。
もしわたしが月だったら、見守ることをやめたくなってしまうか
も。

だから、いつだって側にいてくれている月には毎晩、ありがとう
と、心のなかから伝えるべきだろう。

月に願いを。月に祈りを。月に感謝を。

【月／つき】

信じるものだけの味方。
偉大な力の持ち主。

手

毎日、ご飯を食べたり、作ったり。

ときには面倒で、コンビニの焼き鳥を買って食べることだってあるのだけれど、そうすると、やっぱり自分で鶏肉を焼けばよかった〜と後悔する。

もちろん、家では炭火で焼けないし、なんてったってコンビニで買うのは楽だし、それにとても美味しいし、かなり好きなのだけれど、
食べているときにちょっぴりさみしくなるのだ。
味気ないなぁと感じてしまうのだ。

無性に実家のご飯が食べたくなったり、誰かが作ってくれたご飯を求め、定食屋を探したりするのは、
手で作られたものに、何かあたたかいものが詰まっていると、心がわかっているからだと思う。

人の手はきっと、わたしが思っている以上に、モノに"心"を、もっと壮大に言えば"魂"を込めることができるのかもしれない。

・・・

手のひらには地図がある。
知らず知らずのうちに刻まれている手のひらのしわは、まるで地図のようだ。

占いなんて本当かどうかわからないけれど、手相は日々観察していると、目に見えて変わっていくので、面白い。
こんなにも目に見える変化があるのは体のなかで手のひらくらいなのでは、と思う。

何気なくその手のひらのしわの話題になったとき、友達にはあるのにわたしにはない線があって、悲しくなったりしたこともあるけれど、
今はそんなのどうでもいい。

わたしには、足りないものがもっと他の部分でもたくさんあった。
人と比べれば、違うところだらけだった。
それが当たり前だから、しわなんかはもう、どうだっていいや、と思える。

むしろ、じっくりとその見慣れた手のひらをもう一度見てみると、線が向かうところに新たな希望を感じたり、納得させられたりする。

やはり地図なのでは、と、
わたしのこれまでの生き方とこれからの生き方が記されているの

では、と興味が湧いてくる。
これからどう生きていくにしても、変化し、心を支え導いてくれる、
わたしが持っている、わたしだけの地図。

そう思ったら、手相はとても特別なものに思える。

・・・

手のひらを合わせたとき。
そしてぎゅっと繋いだとき。

言葉にできないくらいストレートなメッセージが届くことがある。

その人が好き、助けたい、支えたい、心配、不安、つらい、疲れた……。

言葉にすると、なんだかありきたりな気がするのだけれど、
そうじゃなく、もっと直接的で、その感触、その体温を伝って、
こっちまで届くものがある。

わたしの手は何のビームも出せないし、伸びたり縮んだりもしないし、魔法だって使えない。

特別なことは何ひとつできないはずなのに、

言葉を超えるほどの、伝える力を持っている。

手は、心と繋がっているのだ。

【手／て】

心までの配達屋。

no.20

扉

決意のとき。

先日、わたしたち"E-girls"は、
2020年いっぱいで解散することを発表した。

メンバーそれぞれの思いは、2019年の春から繰り返してきた話し合いにより、
今、こうしてひとつの答えにまとまった。

春は、ライブツアーの真っ只中だった。
ホテルの部屋にみんなで集まり、心の内側を見せ合った。

わたしのなかには、白黒はっきりした答えは、まだなかった。
わたしはどうしたいのか、と何度も自身の心に問いかけた。

心がそれぞれの方向を向いてしまったら、チームを維持することは難しい。
いつだって、この11人でないと意味がないから、
新たな夢があることや、次のステージに進みたい気持ちを、尊重しあった。

11人がいい。

それが、みんなで決めた答え。
ひとつにしてきた強い気持ちは、誰かが欠けてしまったら、成り立たない。

11人、みんなで同じ方向を向いた。
初めてのライブツアーをしたときに感じた絆をずっと守りたい、とわたしは思う。

・・・

気がつかないうちに、きっといくつもの扉を、みんなで突破してきたのだと思う。

常に目の前のことに必死になって走りきることで、
課題を乗り越え、新たな目標を見つけては邁進し……
ひとつひとつ、扉を開けるように進んできた。
そのたびに、扉の先には、また新しい景色が広がっていた。

笑い、泣き、怒り、悩み、喜び、いくつもの感情を味わいながら、みんなとともに、目一杯過ごしてきた。

長い間、わたしのなかでこんなにも大きな存在であり続けたE-girls。

E-girls は、青春であり、誇りだ。

メンバーは、大切で大好きな仲間。

今、ひとりひとりの目の前に新しい扉が現れた。
開けたその先には、それぞれの素晴らしい未来がある。

・・・

応援してくださる皆さんがいなかったら、決して見ることのでき
なかった、夢のような景色をいくつも見させてもらった。

精一杯、心を込めて、
2020年はE-girlsらしく、笑顔の一年にしていきたい。

たくさんの"ありがとう"を、限られた時間に詰め込んで。

【扉／とびら】

その先に信じるものがあるときに、現れるもの。

なんくるないさ

「魔法のおまじない、ある？」

かなり唐突に、友人からそう聞かれた。

何のことを言っているんだろう……と頭のなかが「？」になった
けれど、
"魔法"というワードから、小学生の頃ハマって読んでいた小説
『妖界ナビ・ルナ』で知った"九字切り"が思い浮かんだ。
耳鳴りがするとき、無意識に唱えているのだ。

それを唱えると、本当に耳鳴りが止むので、ずっと習慣になって
いて……と、こんな話、笑われるに決まってる。

わたしは友人の「あはは」という声を待っていた。

そもそも彼女の言う魔法のおまじないが、こういうことなのかど
うかもわからなかったので、話してはみたものの、恥ずかしくな
った。

それなのに友人は、
「そっかそっかぁ、あるならよかった〜」
と、何かに安心して、

「魔法のおまじない、大事にしなね〜」
と言ってくれた。

魔法のおまじない……
子どもっぽいけれど懐かしい、その可愛らしさになんだか心くすぐられて、今のわたしにピンとくる“おまじない”が欲しくなった。

“味方”になってくれる言葉、何かないかな、と考えるようになった。

・・・

思い出すだけで顔をしかめてしまうような失敗を、
わたしは何度も思い返してはヘコみ、ずるずると引きずる。

もはやそうするのが好きなのかと思われてしまいそうなほどだけれど、
それを繰り返さなければ、失敗をした自分自身を受け入れられない。
うまく消化するためには、こうでないとダメなのだ。

そんな自分に疲れてしまい、よく、
「なんとかなる。大丈夫だよ、大丈夫。わたしはわたしの味方だよ」

なんて、自分で自分を励ましている。

そんなときだ。

あ、これかもしれない。と思った。

大好きな沖縄の地に、
かの有名な方言「なんくるないさ」がある。
ただの「なんとかなる」ではなくて、
挫けずにちゃんと正しく努力していれば、きっとなんとかなるよ、
というニュアンスがあるらしい。

素敵な言葉だ。

これこそまさに、今のわたしに必要なおまじない。
そう決めて、ことあるごとに唱えるようにしている。

なんくるないさ。
自分を励まそう。
笑顔で進むために。

nonopedia

【なんくるないさ ／ なんくるないさ】

魔法のおまじない。

偽物

頑張っていると、ときどき、ずこん！　と心折れてしまうことがある。

どんなときも、受け入れられる自分でありたい、と思っているのに、
ピンチな状況のわたしを"受け入れる"ということの大変さを、
最近思い知った。

それは、とある作業をしていた日のこと。
"できない"が、悔しくてたまらない出来事があった。
悔しい気持ちをそのまま頑張る力に切り替えていきたいのに、それができず、どんどん弱気になってしまった。

わたしが弱気になるのは、どうしたらいいのか、正解がわからないときだ。

わからない、というのが、自分自身にとって大きな不安材料になっているのだと思う。
その"わからない"は、自分のなかで"恥ずかしいもの"として分類されてしまって、心にズキズキと踏み入ってくる。
そんな思考回路と上手に付き合うことができず、わたしは混乱した。

そして次に現れるのは、
認めたくない、認めてたまるか、という頑固な感情だ。

自分の心を誤魔化して、傷つかないように……

でも、こんなふうに、偽物のわたしでやり過ごすのでは、物事は
解決しない。
自分に思い込ませたところで、どうせあとからつらくなるのだ。

その場しのぎで本当でないわたしを演じるのは、とても窮屈。
そのうえ、関係を築いてきたと思っていた人に実は理解してもら
えていなかった、なんて、悲しい事態に陥ったり、
本当のわたしはそうじゃないと知ったら、がっかりされるのだろ
うな、と気にしてしまったり。

耐えることにも踏ん張ることにも、何倍も無駄な体力を使う。

どうしたら、誤魔化さず、本物のわたしでいられるのか。
素直になるにはどうすればいいのだろう。

ピンチに陥ったときの自分を振り返ってみると、
頑張るために、「できる！」と自分に期待することで気持ちを盛
り上げていたつもりが、
いつのまにか「できないといけない」という思い込みに変わり、

自分を追い込んでいたように思う。

それが、苦しさの原因かもしれない。

とはいえ、考えを180度変えて「できなくて当たり前」と開き直ると、甘えの気持ちが出てしまう気がする。

微妙な差だけど、
「できないことがあっても当たり前」と、
自分に少しの許しを、余裕を持つようにするのはどうだろう?

その考えにたどり着けたとき、
ふ、と肩の力が抜けた。

自分に期待しないのは、わたしにとっては希望さえ失ってしまうさみしいこと。

だけど、これからもし同じ状況がまた訪れたなら、
わからないことは恥じずに、わからないと言いたい。
そして、そんな自分を認め、わかるようになるまで頑張る自分のガッツに、
自分自身が、一番期待できるようにすればいいんだ。

ピンチも、ありのままのわたしで乗り越えられるはず。

成長したい。

【偽物／にせもの】

その場しのぎ。

温もり

東京で一人暮らしを始めてから、そろそろ8年目になる。
もうそんなに経つのか、という気持ちだ。

今年の2月はおかしな天気。
わたしも桜の木と同じく、春だと勘違いしてしまいそうなくらい、
暖かい日がある。
そんな日は、上京したときのことを思い出させてくれる。

・・・

実家を出ていくわたしを、母が心配そうな顔をしながら、でもいつも通りに玄関先で見送ってくれたことを、今でも覚えている。

そんなふうにあっさりと新生活は始まった。

一人暮らし、と言っても、初めの3年間は寮暮らしで、部屋から出ればすぐにメンバーと会える環境だった。
そのおかげで、我慢できないほどのホームシックになることもなかったし、何より"初めての一人暮らし"に、かなりワクワクしていた。

憧れのピンクのタンスを置いて、花柄のベッドカバーを掛けて、

北の小さな町にあるオルゴール店では、「心に流れている音楽が聞こえる」という店主が、不思議な力で、傷ついた人の心を癒してくれます。今日はどんなお客様がやってくるでしょうか——。

四十歳目前での思わぬ妊娠に揺れる優子。これが子供を産む最初で最後のチャンスだけど……。シングルマザーでやっていけるのか? 仕事はどうするのか? 悩む優子に少しずつ味方が現れて……。痛快小説。

オリジナル

春には青空市へお買い物。短い夏には遠出してリトアニアへ。秋には家でケーキを焼いたり、縫い物をしたり。折々の日々を綴った日記エッセイ。四季

オリジナル

情けないトイレ事情、ドイツ語の学習には……。

中谷美紀

書き下ろし

四苦八苦。晴れた日は、スコップを握り庭造り。のかけがえのない日常。

書き下ろし

ひとりが好きなあなたへ2
銀色夏生

先のことはわからない。昨日までのことはあの通り。いろいろ考えず、無理せず生きていきましょう。
（あとがきより）

写真詩集

590円

だからここにいる
自分を生きる女たち
島﨑今日子

安藤サクラ、重信房子、村田沙耶香、上野千鶴子、山岸凉子——。女の生き方が限られている国で、それぞれの場所で革命を起こしてきた十二人の女たち。傑作人物評伝。

オリジナル

670円

人生で大事なことは、みんなガチャから学んだ
カレー沢薫

引きこもり漫画家の唯一の楽しみはソシャゲのガチャ。推しキャラを出すべく必死に廃課金ライフを送っていたら、なぜか人生の真実が見えてきた。くだらないけど意外と深い抱腹絶倒コラム。

750円

ののペディア 心の記憶
山口乃々華

書くことで、わたしは強くなれた。

2020年12月に解散したダンス&ボーカルグループ E-girls。パフォーマーのひとりとして走り続けた日々から生まれた想い、発見、そして希望。心の声をリアルな言葉で綴った、初エッセイ。

オリジナル

710円

男の不作法 女の不作法
内館牧子

知らないうちに、無礼を垂れ流していませんか? よかれと思った気遣いが、相手を不快にしていれば、人生の致命傷になる。誰もが一度は経験したであろう不作法の数々を痛快に斬る!!

630円 590円

オリジナル

猫は、うれしかったことしか覚えていない
石黒由紀子・文
ミロコマチコ・絵

「猫は、おさえない」「猫は、引きずらない」「猫は、命いっぱい生きている」……迷ったり、軸がぶれたとき、自分の中にある答えを探るヒントを、猫たちが教えてくれる。

590円

猫には嫌なところがまったくない
山田かおり

黒猫CPと、クリームパンみたいな手を持つのりすけは、仲良くなるのにいつも一緒。ピクニックのように幸福な日々は、ある日突然失われて——。これは猫と暮らす全ての人に贈る、ふわふわの記録。

590円

やっぱりかわいくないフィンランド
芹澤桂

たまたまフィンランド人と結婚して子供を産んで、ヘルシンキで暮らすこと早数年。それでも毎日はまだまだ驚きの連続で……。「かわいい北欧」のイメージを覆す、爆笑赤裸々エッセイ。好評第三弾!

オリジナル

670円

それから真っ白のドレッサーを置いたりもして。
そんな部屋に住めるのがうれしくて、たのしみで、仕方なかった
のだ。

東京に来てからは、なんだかんだ忙しい日々が続いた。

新生活という名の魔法はいつのまにか解け、
ひとりの部屋に帰り眠ることにも、慣れていった。

しかし、ある日のこと。

前日の余りのカレーを、電子レンジで温めようとして、誤って器
ごとひっくり返してしまった。

カレーは、まだまだ新しいピンクのラグの上に綺麗に広がった。

ただのドジな失敗だけれど、びっくりして、その瞬間なぜか急に
さみしさを感じた。
カレーだらけになったラグを見ていたら、わっと涙が溢れてきた。

泣きながら思った。
こういうちょっとしたハプニングが起きても、誰も来てくれない
んだ、と。

実家にいたときなら、家族の誰かしらが来てくれて、片付けを手伝ってくれただろう。
「何やってるの、もう〜」と叱るか、笑ってくれたはずだ。

そう思ったらもう、涙が止まらなかった。
それまではちっともさみしくなんかなかったのに、急に"ひとり"を実感したのだと思う。

わんわんと泣きながら、
落としてしまったカレーをティッシュで拭いた。
でも、拭いても拭いても汚れは取れず。

今度はイライラしてきた。
カレーに八つ当たりした。

もうなかったことにしてしまおう、と、そのままラグを丸めて、粗大ゴミとして捨ててしまった。

ガランとした部屋を見て、
ラグ、捨てちゃダメだったな、とまた気持ちが暗くなった。
感情がごちゃ混ぜになり、やるせなかった。

さみしさを感じるようになってからは、部屋の中に人形を置いたり、抱き枕を買ったりもしたけれど、それではわたしが求めてい

る温もりを感じることはできず、
実家によく帰るようになった。

実家から東京に戻る日は、
そのあとに仕事や予定がないと、なんとなく気持ちが沈んでいく
のがわかった。

さっきまで家族と一緒だったのに、突然ひとりになるその静けさ
が、わたしのなかの何かにチクッと刺さるのだった。

家族の温もりなんて、実家に住んでいたときは全然わからなかっ
た。
だけど心にしっかりと染み付いていたからこそ、
離れてひとりで暮らしてみたとき、思いもかけないきっかけで、
さみしさという感情になって表れたのだと思う。

・・・

今、一人暮らしは、わたしの日常になっている。

あの頃に比べたら、ちょっとやそっとのことでは動じないくらい
に逞しくなった。

それでも、思い立ったらすぐ帰れる距離に実家があることに、い
まだかなり助けられているのが正直なところ。

【温もり／ぬくもり】

心が知っていたこと。

寝言

今わたしは、表紙に可愛い花の蕾が描かれた本を手に取っている。
直感で選んだ。

パラパラと開いてみては、その未知の世界にワクワクしている。

それは、日本から5、6時間で行けてしまうベトナム南部の中心
都市であり、ベトナム最大の商業都市と呼ばれるホーチミンにつ
いて詳しく書かれた旅行本。

迷わず買って、ピンクの小さなキャリーケースとともに羽田空港
へ向かった。

旅行本は、わたしにとって魔法の絵本のよう。
町の地図や移動手段、言語、美味しいご飯が食べられるお店やホ
テル情報まで細かに記載してあるので、とても想像しやすい。

飛行機に乗りながら、買った旅行本を読み込む。
その情報を頭のなかで巡らせながら、まぶたの裏側に景色を広げ
る。
自然と口角が上がるような気分になったと同時に、不安な気持ち
も湧き上がってきた。

このまま何かの手違いで帰ってこられなかったらどうしよう、
スリにあってパスポートもお金もなくて、誰も助けてくれなかったらどうしよう、
iPhone を落として、誰とも連絡をとれずに行方不明扱いされたらどうしよう……など。

怖すぎて、浮かれてばかりではいられない。

やはり行くのをやめようか、と思う。

でも、未来について悩んで、不安になったって仕方ない。
それにもう、飛行機に乗ってしまっているのだから、行くしかない。
自分の選択は、すべて正解だと思って過ごす他ないのだ。

チェックインする予定のホテルから、届いたメールを読み返す。
ホテルのスタッフさん、優しい人だといいなぁ。着いたらまず、何をしようかなぁ。

そんなふうに浮かれ気味に過ごしているうちに、すーっと現地の風の匂いが感じられてきた。

爽やかで、柔らかくて、頭の重みをすくってくれるような香り。
カラッとしていて心地いい。
自然と体に馴染んでいく、その異国感に気持ちが高まる。

ホーチミンは今、乾期で最高気温は大体 33 〜 35 度。晴天の多いベストシーズンである。
この頃の東京も春のように暖かいけれど、夏まではまだ遠い。
ホーチミンに着けば、一足先に夏気分を味わえる。

それはわたしにとっては夢のようなご褒美。

優しい味のフォーが食べたいな。
燦々と降り注ぐ陽射しで体をいっぱいにしたいな。
カッコつけずに、自然体でいられて。
そして派手でなくていいから、その街らしい街をゆっくりと歩きたい。

飛行機はあっという間にタンソンニャット国際空港に着陸。
荷物を受け取って、予約していたマジェスティック・ホテルへとタクシーで向かう。

空港を出たところで、地元のバイクタクシーの人から話しかけられた。
タクシーに乗るから、と言ってお断りしたが、バイクタクシーかぁ、と日本にはない文化に触れて、異国に来たことを実感した。

マジェスティック・ホテルは、ホーチミンの歴史を感じられるホテルだ。
豪華でとても美しい。階段なんて黄金色でピカピカなのだ。どこ

もかしこも広々とした品のある空間に、天井のシャンデリアが優雅に輝く。

ドンコイ通りというお買い物スポットにも近いし、サイゴン川も見える。
明日の朝食はサイゴン川を眺めながら、フルーツなんかをゆっくりと食べるつもり。
はぁ、幸せだ。

荷物を置いたら、ドンコイ通りに出る。
アオザイという、ベトナムの民族服を着てみたくて、それらしい店をまず探す。

刺繍が施されたポーチなど、可愛い小物を売っている雑貨屋があった。
旅行本で見た通り、ベトナムらしさ満点。
繊細で、色遣いも独特でいいなぁ、お土産に買おうかな、なんて思っていたら、少し先へ進んだところに綺麗なカフェが……

トントントントン。
横から肩を叩かれた。

仕事帰りの車の中。

脳みそが全然動かず、ボケェとしていて、体も頭も思い通りに動かない。

そう、昨日は、アリーナのステージでライブだった。
大勢の人の前で、ありったけの体力を使った体がまだ回復しきっていないらしく、
寝ても寝ても足りないのだ。

変な体勢で寝てしまっていたようで、首の筋と肩が痛む。

「ねぇ、さっき何か言ってたよ」と、横にいたメンバーに言われた。
空想で遊んでいたつもりだったのに、いつのまにか寝てしまっていたようだ。

「ごめん、寝言だと思う」

笑いながら言った。

穏やかな昼下がり。

車内には、この時季らしからぬ明るい太陽の光が燦々と降り注いでいる。

ふと、南国の風を感じた気がした。

なんだか少しだけ、疲れが和らいでいくようだった。

【寝言／ねごと】

夢のなかの世界の会話。

ノート

今年に入ってからできるだけ毎日、ノートに手書きで日記をつけることにしている。

以前は、なんとなく思ったことや、どうしようもないやるせない気持ちをスマホでメモして残すことで心の整理をしてきたけれど、ノートに文字を書くという手間を増やして、その時間に向き合っていると、なんでもない日々のことさえ何かしら書けることはあり、
「ちゃんと今日も生きたぞ〜」と、そんな前向きな気持ちで明日に向かっていける気がする。

今日何があったか、どんなものに触れたのか、誰と会ったか……など。
詳しく書く日もあれば、適当に箇条書きで終わらせてしまう日もある。

そのときの気分によって違う。

〜今日はなんにもしなかった。本も読みかけ。ご飯をもりもり食べた。以上。〜

みたいな日もあったり、

〜今日は、朝6時に起きてカーテンを開けたらまだ外が暗かった。お腹が空いたので目玉焼きを焼いた。うまくできた。しかし最近フライパンのテフロンコーティングが剥がれてきている気がする。食材がつるんと滑ってくれない。くっつきやすい。それに蓋がフライパンのサイズとぴったり合っていないのもやっぱり気になる。蒸し焼きにしたいときにうまくできていない気もする。長く使い続けたいけど、替えたい。でもそれもやっぱりさみしいかな。もう少し考えよう。〜

なんて、やたら書きたい日もある。

学校の先生に提出するわけじゃないのに、やらなきゃいけない宿題に追われているみたいな気持ちになるときもある。
いったんベッドに入ったけれど、思い出し、起き上がり、電気をつけ、書く。
また明日にでも書けばいいし、書き忘れた日だって何回もあるのだから、今さらそんな使命感いらないよなぁ、と思う。

でも、ちょっとだるいなか書くのも嫌いじゃなかったりする。
そういう日の文字は締まりのない汚い字で、ウニョウニョと曲がって、大きかったり小さかったり、本当に適当だ。

なんてことのない日々だと、今はそう思っているのだけれど、きっと読み返すと面白い。
日々のことは、書かなかったら忘れてしまうことだらけだ。

そのときは頭をいっぱいにしていた悩みでさえも、未来のわたしは忘れてしまっていて、
読んでやっと思い出して、笑い飛ばしているだろう。

そのくらい強くなっていてほしい。そうでなきゃ困る。

そして、日記を書いていると、
予定通りに進むことは当たり前じゃない、ということを実感する。

今日は、ライブの予定だったのになぁ、と思いながらノートに向かう。
開催中のライブツアーは、新型コロナウイルスの影響で、中止になってしまった公演があるのだ。
E-girls としての最後の年なので、とても残念だけれど、こればかりは仕方ない。
応援してくださっている皆さんに、気分が上がるようなお知らせを早くできるといいのだけど。

さぁ今日も、ノートを開こう。
書き忘れてしまった昨日の分も、まとめて書こう。

nonopedia

【ノート／のーと】

わたしの記録。

晴れの日

少しだけ窓が開いている。

閉じたままのカーテンがふわふわと風に揺られる。

影は、大きくなったり小さくなったり。

今日は、晴々とした気持ちのいい天気。
それなのに、外に出ようと思えない。

床に映った影の輪郭が、薄くぼやけて広がり、重なり合いながら
大きくなる。
そしてはっきりと色濃くその姿を現すように、ありのままのサイ
ズに戻る。小さくなる。

まるで、呼吸しているみたいに膨らんだりしぼんだり。ピタリと
止まったかと思えば、今度は、いびきをかくみたいに勢いよく舞
い上がったり。

そんなものをずっと眺めながら考え事をしていた。

・・・

最近、"意志を貫く" ことや、"想いの強さ" みたいなものがよく
わからなくなっている。

とても難しいことのように思えるのだ。

例えば、子どもの頃のように、
絶対にこれが食べたい！と誰かとケンカすることは、「わたしは
これが食べたいんだ」という強い意志を示し、それを貫こうとす
ること。

そんなことをする人がふたりいると、"想いの強さ比べ" でケン
カになるのだろう。

食い意地、はおいておいても、この頃のわたしはその "想いの強
さ比べ" をしていない気がするのだ。

くだらないケンカは大人になるとしなくなる、というか、無意識
に避けていく。
人と向き合えなくなったのかな……と思ったりもしたけれど、
きっとそうではなくて、大人になるにつれて、意志を譲れるよう
になっただけだ。

自分の思考回路に納得できれば、我慢というものができるように
なった。

日々を積み重ねていくなかで、いろいろな人と出会い、視野を広げ、思い通りにいかない悔しさを経験して……そんなことを繰り返してきた。

面倒なところでいちいち突っかかるよりももっとスムーズに、楽に生きるための、術を身につけたのだ。

それにはいい面もあれば、悪い面もある。

いつのまにか、譲ること、我慢することで自分を守っていたかもしれない。
でもそれでは、わたしの心がいなくなってしまっていた。

受け入れすぎてもダメ。
受け入れられなくてもダメ。

人との関わりや、自分の気持ちとの折り合いのつけ方は、なんて複雑で、面倒で、はっきりしないものなのだろう、と思う。
はっきりしないものとうまく向き合いながら、心をわたしのものにしておくには、その都度、大事なものを選ばなくてはいけない。
それがとても難しい。

難しいけれど、これだけは確かだと思えること、
それは、想いをなかったことにしてしまうのは、やめたほうがいいということ。

とにかく、やめてみようと思う。

委ねることもしない。されない。

自分の心はやっぱり自分のもの。

そう思ったら、またシンプルなことに思えてきた。

これからもたくさん悔しい思いをして、
たくさん傷ついて、
そんな経験を重ねながら、大事なものを見極められるように
なりたい。

・・・

晴れた日には、こうして心の掃除をするのが好きだ。

心の内を人に吐き出すことには、少しの怖さがあるけれど、そん
なことをしなくても、
太陽の光が、心のなかを綺麗にしてくれる。

【晴れの日／はれのひ】

心の掃除をする日。

no.27

日々

目が覚めたら体温を測るのが、最近の決まりだ。
ピコピコ、と体温計の合図を聞いたらその数字をマネージャーに
報告する。

いつのまにか、朝の習慣としてわたしの生活に馴染んだ。

大して変動のない体温と「おはようございます！　ありがとうご
ざいます！」という返信に、毎回安心している。

今年の春は、温かい風が同時に不安と、恐ろしさと、不自由さを
連れてきた。
思いもよらぬ出来事が、今現実に起きている。

わたしたちからたのしみが奪い去られ、"当たり前"も奪い去ら
れ、やり場のない怒りと悲しみだけが増大していく。

事態を乗り越えるため、できる限り外出はせずに、一日をなるべ
く部屋で過ごすことが必要とされている。
そうすることで、自分の命だけでなく、誰かの命を守ることにも
繋がるのだ。

さて、今日は何をしようか。と部屋を見渡し、とりあえず枕元に
置いてある読みかけの小説を手に取る。
人からいただいたものや、買ったもの、たくさんの物語が棚でど
っしりと出番を待っているのだ。

時間に余裕があるときほど、なかなか読み進められない不思議を
感じながら、ページをめくり続ける。

ゆるりゆるりと時間を使う。

急かされていた生活から遠のいているのを感じつつ、人はなんだ
かんだ順応するものだなぁと思う。

テレビをつければ、ニュース番組で知る、事態の深刻さ。
ガッと勢いよく現実に引き戻される感覚だ。

一日中部屋で過ごす、この穏やかなわたしの生活とはかなりのギ
ャップがあるのを感じ、こんな時間の過ごし方でいいのだろうか、
と少し胸が苦しくなる。

このギャップには、まだ心が慣れていないようで、暗闇みたいな
ものが染み出しそうになるけれど、負けてはいけないんだぞ！
と明るい部分のわたしが言う。

すぐさまスマホのなかから、エネルギーに満ちた曲を聴かせてく

れる歌手を選び、そんな気持ちを全部取っ払ってもらった。

あっという間に元気を取り戻し、音楽の力って本当にすごい！
などと感動して、ふと思う。

ニュース番組の世界とは、ギャップがあっていいのかもしれない。

心の健康は体の健康なのだから、保つのみ、だなと。

きっと誰もが、明日に不安を感じている。
そんな今は、心を強く持つことで、誰かを支えることができると
わたしは思う。

以前映画館で観たミュージカルアニメーション作品を動画配信ア
プリで観る。
たくさんの作品が並ぶなかで、難解な作品を観てみたりしつつも、
こんなときにわざわざシリアスになりたくないと思ってしまった。
というより、趣味が子どもっぽいだけなのかもしれないけれど、
わたしは冒頭からワクワクしてしまうこんな作品が、やっぱり好
きなのだ。

あとは、料理をしたり……

趣味に普段以上の時間を費やして、これまで通りの元気を保つ。

最初は不安しかなかったこんな生活も、日々繰り返すうちに、い
つのまにか当たり前になって、
わたしに溶け込んできているようだ。

今こそ、明日に希望を持ち続ける元気を。
そのために与えられた時間を使おう。

そして、この日々で気がついたこれまでのありふれた幸せをまた、
感じられる日がくることを、心から願う。

【日々／ひび】

繰り返される時間。

不意

いつもの黒い自転車に乗ろうとしたとき、
ある部分だけが白くなっていることにふと気づいた。

スーパーで買い物を終えたわたしの両手は、買い物袋で塞がって
いた。
ひじの内側の血管に袋の持ち手が食い込んで、指先がじんじん、
とし始めたところだった。

そろそろ痺れてしまいそうだったけれど、なんだか気になったの
で、しゃがんで覗き込んでみる。

なんだろう、もしかしてサビてしまったのかなと心配しながら
（普段は屋根つきの、けれど雨風に当たってしまう駐輪場に置い
ている）、荷物をいったん地面に置いて、じんわりと感覚を取り
戻し始めた指先で撫でるように触ってみた。

ふわふわ。

近づいて見ると立体的だったそれは、かなりふわふわした手触り
だった。

もしかしたら変な虫かも、と思って一瞬手を引っ込めたけれど、
生き物のようには感じられない。

安心して、もっとしっかり観察してみたら、ただの白い綿毛らし
かった。

自転車のフレームにぴったりと張り付いて、ふーっと息を吹きか
けても微動だにせず、糊で貼り付けられたかのように、そこにい
た。

いつからここにくっついていたんだろう。

わたしの自転車に、たんぽぽの花でも咲かせる気なのだろうか。
小さな頃に吹いて飛ばした、たんぽぽの綿毛のことを思い出した。

でも、それとはまた違うのだ。

ここにくっついているふわふわは、もっとまあるくて、色はたん
ぽぽの綿毛よりも真っ白。
それに綿毛だったら、種ごとにバラバラになるはずだけれど、こ
れはぴったり密着して団体行動をしている。

いったい何者なのだろうか。
喩えるならば、ダウンジャケットの中からときどき飛び出てくる
ダウンのような姿。

じいっとそれを見つめるうちに、ある考えが頭のなかに浮かんだ。
これはもしかして、もしかして、

ケサランパサラン？

ケサランパサランの話は、いつだか忘れたけれど耳にして、うっすらと記憶に残っていた。
確か、昔から妖精やら妖怪やらに近い存在とされながらこの世に生息する、謎の生き物だったはず。

それに、幸せを運んでくれる、なんてことも言われていて、
とにかくいいな、と思ったのだった。

そうだとしたら、どこかへ行ってしまわないうちに！と、そっと指でつまみあげ、その子を連れて急いで家に戻った。

家に着くと鍵を開け、ドアを開けたら靴を脱いで、重たい荷物をそこらへんに置いて、いつのまにかギュッと握っていた手のひらをそっと開いた。

ケサランパサランは、もういなかった。

季節は春。
天気の良い昼下がり。

なんだか神秘的な体験だった。

不意に訪れた不思議なあの子。
次はどこへ行ったのだろう。

【不意／ふい】

突然に現れて、跡形もなく消えるもの。

下手くそ

突然湧いてくる怒りの感情に、わたしは何度も振り回されている。

ゆっくりと近づいてくるときはまだいい。
心構えができるから。
納得できる怒りの場合も大丈夫。

だけど、そうでないときの対処が下手くそすぎると思っている。

なぜかわからないけれど、なんてことのない、他の誰かからしたら特に何も起きていない状況で、パンッと突然、操縦不可能な感情が湧き起こることがあって、困るのだ。

この悩みは、幼い頃から始まっていた。

隣で寝ていたはずの母が朝、目覚めたらいなかったとき。
わたしは猛烈に腹を立てた。

幼稚園に行く姉と、同じ時間に起こしてね。とお願いしていたのに、目が覚めたときには家族みんなの朝がすでに始まっていた。

朝食の匂い、テレビの音、みんなの話し声。

わたしも一緒に始めたかったのに、勝手に始まっていた。
そのことに無性に腹が立ったのだった。

それから、学校から帰宅してちょっと眠るつもりが、ぐっすり眠ってしまったとき。
同じような怒りが湧いてきたことがある。

薄ぼんやりと頭が醒めてきたところに、家族みんなの話し声が聞こえてきた。
それに加えてお菓子を食べているときの、咀嚼音とガサガサと袋の中を手探りする楽しい音。
なぜかわからないけれど、それらの音が耳に入った瞬間から心がガッシガシに荒れた。

特別、意地悪をされているわけでもないし、家族のみんなもそんなつもりはこれっぽっちもなかったと思う。

こんなことでわたしが怒り出すのは意味がわからなかったと思う。

ふたつのエピソードに共通しているのは"寝起き"と"食べ物"と"若干の仲間外れ感"である。
自己中心的な問題すぎて、今なら笑えてしまう……が、あのときのわたしにとってはどうしても嫌、ＮＯ！だったのだ。

全身に爪を立てて引っ掻きまくりたいほどに、体のなかが怒りでいっぱいになってしまう。悪魔になる（笑）。

そういえば、怒りは嫉妬心と繋がっていると友人から教えてもらったことがある。

そのときは、確かに、と納得した。

でも、まるっきり嫉妬心だけではないはず……とも思っている。
だって、もっと嫉妬すべきところがあるはずなのだ。
怒りが湧いてくるのは、なぜそこで!?と自分でも不思議なタイミングだったりする。

大人になった今も、他愛のない日常のなかで、たまにそういう怒りが発生する。
さすがに前ほどのものではないのだけれど、心のなかでグツグツッと音を立てて沸騰するのがわかる。

そんな気持ちを人にぶつけるわけにはいかないので、わたしは今まで、そういうときは心の扉をきっちり閉めることにしてきた。
その瞬間から外の世界をシャットアウトするイメージ。

でもこの方法には決定的な弱点があって、周りから見れば"なぜかわからないけれど突然不機嫌になった人"でしかないのだ。

もう大人だし、もっと上手に逃げ切りたい。

そこで、これからはあることを実践してみようと思っている。

・その瞬間にワハハ！と笑う。
・可能であれば、さりげなく席を立つ。
・鼻歌を歌う。

わたし的にはこの３つが、扉を閉じずに心の空気を入れ替えられる方法だ。

"突然不機嫌になった人"になるのはどうにか避けたい。
そのとき少しだけ変でも、ファニーな行動を取るほうがいいだろう。
そうやって怒りと付き合っていけるならそうしたい。

それにしても、本当にこの感情の扱い方が下手くそだなぁと思う。
突然の怒りというのは、自分自身を疲れさせるし、なんだか後を引く。

いつか消えてくれるのだろうか……。

まぁでも人を傷つけることさえ阻止できれば、
そりゃあ人間だもの。どうしようもない。
理解できない心の反応があっても仕方ない！と割り切ろうともし
ている。

【下手くそ／へたくそ】

悩みの種。
できれば自然に解決してほしいこと。

ホッチキス

画用紙に描いた絵、切り取った雑誌の数ページ、たまたまいい感じに撮れて現像した写真、お菓子のパッケージ、なんてことのないメモ、可愛くて捨てられなかったステッカー。

全部の角を合わせて、ホッチキスで挟んだ。

さまざまな形、質のものたちが、分厚く重なっている。

あまりにバラバラで、なかにはホッチキスの針が負けるんじゃないかと思うほど硬いものもあったけれど、ぐっと力を込めて、垂直に押し込んだ。

ガッチャンという音がして、ひとつにまとめることができた。

束になったそれをぺらぺらとめくってみる。
こうやって、過去のにおいがプンプンとするものに触れると、そのときのことを鮮明に思い出せる。
当時のわたしはそれを残したかったのだろうけど、今はもう、そこまでの想いはない。

捨ててしまおうかとも思うけれど、懐かしいにおいは嫌いじゃな

いので、やっぱりまだとっておくことにした。

・・・

それにしても、においは鼻につくもので
その日は一日中、思い出した日々のことを考えていた。

ずっとモヤモヤしていたあのこと。

このホッチキスと紙束の関係に、もしかしたら似ているかもしれ
ないなと、ふと思う。
ホッチキスで留めようとしたのに、針が負けてしまったときのよ
うな。

人と人との関係にも、そういうときがある。
紙が多すぎたり、厚すぎたりすると、うまく留まらない。
一枚一枚が魅力的でも、ホッチキスと見合わなければ、ダメなの
だ。
ガッチャンという音がしたとしても、きちんと留まったとは限ら
ない。

あのときのわたしは、紙束のうちの一枚として、留められている
のだと思い込んでいた。
いや、本当は、留められたかった、と言うほうが正しいかもしれ
ない。

そういうとき、針はとても強く、美しく見える。

憧れて、羨ましくて、その針が欲しくて、
わたしは体を一生懸命動かしたし、頭も使った。
（それは決して無駄ではなく、今にとても役立っている。ありがたく、感謝している）

どこか足元がぐらついているような、不安定な気配はあったけれど、気がつかないように、気がつかれないように、騙し騙し必死に、自分のなかにも通っているはずの針を信じていたのだ。

それは、未来のためでもあった。

大事なものは、美しくあってほしい。願望だ。
でも時が経って、美しいと信じることに必死になったり、思い込む必要がなくなったりしたら、
周りと、自分がよく見えるようになる。

今思えば、あのときガッチャンという音が確かに聞こえた気がしたけれど、針は途中までしか届いていなかったのだ。

悲しいけれど。

それだったら納得できる。

あれはやっぱり、そういうことだったんだ。

なんて、ホッチキスに喩えたら、過去なんてちっぽけに思えて、でも、ないものをあると信じて、頑張り続けるのは悪くないと思えた。

・・・

部屋を散らかしたままだったので、思い出の品たちをササと棚の中にしまう。

それから、カラカラに乾いた洗濯物を取り込んで、ひとつひとつ畳んでいく。
一切の湿り気のない乾いた衣類たちは、いい香りをさせている。

それぞれの場所にまたしまう。

【ホッチキス／ほっちきす】

強く見えたもの。

街

朝、目が覚めるとじっとりと汗をかいていた。窓を開けてパジャマを脱ぐと、背中にすーっと風が通った。

いい季節だなぁ、と思う。

気持ちがいい。
やっと、気持ちのいい季節がきた。

ずっと待っていたこの風。
わたしのなかが浄化されていくよう。
この風が吹き出したら、いよいよ太陽が近い季節だ。

着替えたら、素足のままサンダルを引っ掛けて家を出た。

街に出るとあっちからはカレーの匂い、こっちからは焼き鳥の匂い。
ご飯の匂いばかり嗅ぎ分けるわたしのその食い意地には笑えた。

車がどんどん行き交い、風をつくり出して、わたしの鼻までいろいろな香りを届けてくれる。
"街が動いている香り"というのだろうか。
そんな香りになんだかほっと安心している自分がいることに気が

ついた。

明るい気持ちで過ごしていたつもりだったのだけど、意外と、不安を感じていたのだなと思う。

・・・

話は少し逸れるけれど、匂いといえば、人それぞれにきっと安心する香り、落ち着く香りというのがあると思う。
例えばわたしにとっては、木の香り、水に濡れた草の香り、お線香の香り、などなど。
こうして挙げてみるとわたしは〝おばあちゃん家から香ってきそうなもの〟に安心し、落ち着くみたいだ。

香水やお香も、そういう要素を感じるものを選んでいる気がする。
水に濡れた草の香り……はいまだに見つけたことがないけれど（笑）。

香りで心を落ち着かせたり、安心させたり……というのはわたしにはかなり効果的だと思う。

以前は、バニラなどの甘い香りが大好きでよくまとっていた。
でも生活のなかに緊張する場面が次第に増えてきた頃に、バニラはどうもわたしを落ち着かせる香りではないらしい、ということに気がついてしまった。

間違いなく気分を上げるものではあったのだけれど、落ち着きや、安心感はなぜか遠のいていく、いわば"お外の香り"だった。

それから香水を変え、自然により近い香りを身にまとうようになった。

その香りは、不安なときもわたしを安心させてくれた。いい意味でも、悪い意味でも、こんなにも香りに影響を与えられていたのかと驚いた。

今は香りの効果をもっと利用すべく、あれこれと探しては試してみている。

・・・

街を歩いていると、本当にいろいろな香りがする。
そんなことを考えながら、ごく普通に街の香りを嗅げることへの喜びを感じた。

とはいえ、まだまだ"当たり前"は戻っていないので、気を緩めることはできない状況ではある。

それでも人々は皆マスクをしながらも、なんとなく表情が明るくなったように思う。

春先の寒さはどことなく孤独感を強める。
今年は一層そうだった。
次にくる季節の暑さと、太陽の力強さ、爽やかな風は、人間を励ましてくれる気がする。

わたし、お日様の香りも大好きだ。と歩きながら思う。

【街／まち】

いろいろな香りが動く場所。

no.32

導き

当時はなんてことないと思っていた選択が、意外なほど今に繋がっている。そんなことを近頃感じている。

タイミングやご縁ももちろんあって、とても大切だったけれど、ある意味それらを引き寄せる選択をしていたとも言える気がする。

「日々は選択によってできている」

あのときあの人が、言葉を尽くして教えてくれたのは、シンプルにこういうことだったのだなと、今になって身に沁みる。
あれ以来、頭の片隅にずっとその言葉があるので、選択を迫られたとき「さ、どっちを選ぶ?」と一旦落ち着くよう自分に問いかける。
それはもう癖になっていると思う。

じっくり悩むこともあれば、すんなり決められることもある。

こっちを選んだほうがいいのだろう、と忖度して選択し、結果、力の湧かなさに愕然とすることもある。合理的に生きようなんて、やっぱり難しいなと、自分の不器用さを改めて知る。
きっと何事にも、自分の足でその道の端っこに生えている草をわざわざ踏んでから前に進みたい、みたいなところがあり、そうで

135

ないと納得できないのだと思う。
だから、いちいち回り道をするわたしを否定したくない。

それから、不思議と何かに導かれるように答えを決めることもある。
じっくり考えて決めることがほとんどだけれど、たまにそんなことがあるのだ。

わたし自身の脳みそや意志とは関係のないところから、なんというか"導かれる"としか言いようがない、そんな感覚。まるで誘導されているかのようにすんなりと答えを選んでいる。

それは不思議な体験で、絶対にこっちだろうと気がついているような気さえする。
例えば明日のテストに出る問題が予めわかっていて勉強するように、いつのまにかわたしのためにわたしが正しい選択をし、必要な知識や情報を得ていた、なんてこと。

単なるラッキーかもしれないけれど、少なくともこれは天のお告げでも神様からの救いの手でもないような気がしていて、じっくり考えてみたところ、もしかするとわたし自身の無意識が判断しているのかもしれない、と思った。

なぜそんなことができるかというと、たぶん、過去にたくさんの選択を積み重ねるなかで悩んだり、深く考えたりした経験は頭の

片隅に蓄積されていて、普段の自分がそれらをすっかり忘れていても、新しい選択を前にしてふと蘇り、今度は瞬時に答えが出せるのだ。

まるで、過去のわたしが今のわたしに答えを囁きかけてくるみたい。

そんな"導き"の力を感じたとき、いつもこうだったらいいのにと、怠惰な自分が欲を出す。

でも当然、過去が今を作ったということは、今が未来を作るということでもある。

大事なのは、日々の自分の選択に真摯に向き合い、判断に自信を持ち、納得していること。苦しくても、今、選択を繰り返すこと。そしたらきっと、どこかの瞬間で、大きな力となってわたしのもとに返ってくる。

いつのまにかわたしを導いてくれる。

そう思うと、日々の選択のなかで我慢したことや、諦めたことにも、希望があると信じられる。

そっちじゃないよ、こっちだよ。

過去からの囁き。

その声はとても小さく、信じてよいのか不安になることもあるか
もしれないけれど「どうか、無視をしないでください」。
未来のわたしに思う。

【導き／みちびき】

過去からの囁き。

no.33

無邪気

すべての色が目に柔らかく映る、夕暮れどきのこと。

子どもたちの無邪気な笑顔がわたしの前を走っていった。
シャラララ。何の楽器だろう、
喩えるならウインドチャイムのような音が聞こえてきそうな、そんな笑顔だった。

わたしは、そこから目が離せなくなってしまって、その子たちの行く先を目で追いかけていた。

その子たちだけの美しい音が、弾けるように広がっていく様子は、見ていないと損をする。と思えたほど。

ようやくわたしの心のピントが合ったような気がした。

子どもたちの笑顔が、わたしのなかに居座っているツノを立てた部分を、さらっとなだめてくれた。
今に夢中になることの楽しさや、ただ素直に笑うだけのそのシンプルな気持ちに、わたしの心は動かされた。

わたしも、子どもに戻って走り回りたいな。とぼそりと呟いた。

今だって、まだまだ子どもなのだけれど、あのときのような無邪気さを、こんなふうに羨ましく思っている。

いくら大人になったとしても、どんな人のなかにも、無邪気な子どもは必ずずっといるはずだ、と思っているけれど、
わたしのなかのその子は、最近つまらない思いをしていたのかもしれない。
そんな自覚はなかったけれど、喜ばせてあげられていなかったのだろう。

どうにか彼女を喜ばせたいと思い、早速わたしがしたことは、ふと湧いてくる"食べたいな"という気持ちを無視しないこと。
それをちゃんと作って、食べてみること。

スーパーで、あれこれと迷わずに欲しいものだけをサッと選び、家に帰ったら何も構わずに作る。

洗濯物をたたんでいなくても、気にしない。
洗い物が多くなるとか、面倒くさいとか、そういう気持ちも一切持たない。ひたすら作る。

すると料理が家事でなくて、図工の授業みたいに感じられた。自由に、切ったり巻いたりするのが楽しかった。

好きなものは多く入れたい。はみ出たりしたって、それがいい。

そんなささやかな自由さが、わたしをワクワクさせた。

それから、夜中にコンビニに行ってみた。
夜中のコンビニというのもなぜかワクワクする。

大好きだった、プリンセスのお城ができるというブロックのおも
ちゃが目に留まったので、カゴに入れる。アイスもカゴに入れる。
プリンセス、今だって好きだ。可愛い。と思った。

それから、遠くに住む友達と会う計画を立てた。
朝から晩まで、どこで何をするか、そんなことで頭をいっぱいに
していると、お腹の底から"楽しい"が湧き上がってくるようだ
った。

そうこうしているうちに、わたしのなかにいる子が喜んでいるの
がわかった。体が軽くなって、すんなりと笑顔が出てくる。

考え込んだり、我慢したり。
真剣に向き合っていることがあると、ついすべての時間を真面目
にしか使えなくなってしまいがちだけれど、自分のなかにいる子
どもの存在を忘れてはいけない。
その子が拗ねてしまわないように。

【無邪気／むじゃき】

子どもの心。

実は、誰もが持っているもの。

no.34
目一杯

その日、友人が誕生日を迎えた。
わたしはとてもあたたかい気持ちになった。

彼女はたくさんの祝福の言葉、愛の言葉や日頃の感謝の気持ちを
みんなから伝えられた。
うれしそうな顔で笑い、ときたま涙をこぼす場面さえあった。

いつもより何度も温度が上がっているその空間に、わたしは心底
感動していた。美しかった。

彼女は、もちろんその日のために日々を過ごしてきたわけではな
いだろう。
明るいパワーを持ち、周りを笑顔にする才能がある、素敵な女の
子だけれど、足が震えるような状況のなかで、必死に耐えてきた
こともあったと思う。
それは彼女が話してくれた言葉から、はっきりとわかる。
そのときばかりは、生きることさえも必死だったのかもしれない。
絶対に迷わないように、迷って心が死なないように、と保ってい
る瞬間もあったのだろう。

それでも結果として、彼女はこうして、美しい空間の中心にいる。
この誕生日の一場面は、彼女の生き様を表しているようだった。

143

目一杯生きているって、こういうことなのかもしれない。

必死に毎日を積み重ねているうちに、ふと、特別な瞬間が訪れる。
うれしいを通り過ぎて、笑いながら涙が流れてしまうような瞬間。

輝いている彼女の姿を見ていたら、わたしもそうありたい、と心
から思った。

それと同時に、目一杯でいられる時期は、今だけなのかもな。と
切ない気持ちにもなる。

もう大人なようでいて、まだ器用に消化しきれない思いを抱えた
まま、生きているのが今のわたしたち。
手放したくてもなかなか手放せない、やっかいな感情があること
は、本当に面倒なのだけれど、それは今しか持てない宝なのかも
しれない。
割り切れない気持ちを抱えているからこそ、気心知れた友人のあ
たたかさを感じることができている気がするし、子どもに戻った
ように笑いあって、そんな関係に素直に励まされ、助けられるこ
とも多いのだ。

この先、どの感情が消えてしまって、どの感情がずっといてくれ
るのか、はたまた新しく芽生える感情があるのか、わたしにはま
だわからない。
けれど、"悲しい"がその先に"うれしい"になったりするし、

"苦しい"がその先に"幸せ"になったりすることはもう知れたので、途中でやめることだけはしないほうが、いい気がしている。

不安定な時間は早く過ぎてほしいけれど、こんなふうに、なんだかんだ楽しいので、ずっと続いてほしいな、とも思う。

【目一杯／めいっぱい】

わたしを豊かにするもの。

モノローグ

太陽の光が肌に染み込んでくる。

熱風に煽られるたび、汗が額からゆっくりと首に向かい、背中まで伝う。

日焼け止めはもう、流れ落ちてしまっただろう。

暑い。それでも夏が好きだ。

クーラーの利いた店内へ入る。涼しい。汗がひいていく。

今日は体のメンテナンスをしに、マッサージを受けに来た。

「最近は、何を食べていますか?」

わたしの体がそんなにむくんでいるのだろうか。

前日の食事が、うまく思い出せない。最近の"美味しかった"記憶を辿る。

「今日は、フォーを作って食べました。昨日は、ほうれん草と玉子を炒めたものを食べて、マヨネーズで炒めるんです。あ、トマトも入れて」

そんなことを話しているうちに、突然ものすごく眠たくなってしまった。

頭をぐわんぐわんと揺さぶられたような感覚。

どうにも抗えそうにない。この頃よく、猛烈な眠気に襲われる。

梅雨が明けて空気がカラカラに乾いたからだろうか。

話を終わらせるために「とにかく温かいものも食べるようにしています」と答えたはずだけれど、声になっていただろうか。
変なことも言ってしまったかもしれない。
諦めて眠りに身を任せた。

蟬の鳴き声が、わたしを懐かしい場所に連れて行く。

わたしはいつのまにか学校にいて、制服を着ていた。お祭り騒ぎにワクワクしていた。
華やかに装飾された校庭には、何組かに分けられた生徒たちがざわざわと集まっていた。
特に見覚えのある人たちではなかった。運動会だろうか、でも制服を着ているから、学園祭？　文化祭？　経験したことのないお祭り行事だった。

ちらりと隣を見たら、ひとりだけ懐かしい顔があった。

ドキッと心臓が高なる。
「久しぶり」という気持ちを込めて、笑顔を向けてみた。同じようにニッコリと返してくれた。
疎遠になった友人と、２年ぶりの再会。何か話したいな、と話題を探していたら、用事を思い出した。

階段に向かって走る。走れば走るほど、景色が変わっていく。

もうあそこには戻れないと、どこかでわかっている。後悔の念が押し寄せてくる。
まだまだあそこにいたかったのに、何を焦っているのだろう。
それでも、とにかく目的の場所に向かって走った。

ため込んでいた体のなかのゴミたちをぐんぐん押し流して、マッサージは終わった。
家に帰るなり、本棚にしまってあったノートを広げる。

何か絵を描きたくて仕方ない衝動に駆られた。わたしは絵がうまくない。
立体的で、動き出すのでは？　と思わされるリアルな生き物を描ける人が羨ましい。

それでも描きたいから、頭を空っぽにしてペンを握ってみたら、今度こそ思うように描ける気がした。今日のわたしはなんとなく、上手、下手という自分のなかの決めつけから遠く離れた場所にいる気がした。

ペンを握る。わたしの指先は、クルクルクルクル紙の上を泳ぐ。
変でもいいや、形にならなくてもいい。とにかく考えないで、クルクルクルクル。
絵描き気分にさせてくれるその作業は、思っていた以上に楽しかった。わたしの絵には曲線が多い。

「誰もが芸術家」

最近読んだ小説に出てきたそんな言葉を頼りに、自分を盛り上げて、角がない線をたくさん書いた。

そうだ、そうだ、うまいもへたも本当はないんじゃないか？　決めつけているから、違いを探して、比べてしまうんだ。

そんなことを思った。

決めつけがない世界は楽しい。
心の自由が許されている世界は、居心地がいい。

絵を描きながら、さっき見た夢について考えていた。
夢のなかでわたしは用事があると思って走り出したけれど、その用事がなんだったのか思い出せなかった。
本当に用事なんてあったのだろうか。あると決めつけていただけだったのではないだろうか。

わたしは自分の心に呼びかける。

もしもし。
本当は、どんなときが楽しいですか。

もしもし。
本当は、何をしているときに胸が高なりますか。

自分を見つけたり、見失ったり。いや、自分なんて形は、実はなくてもよかったりして。もしかしたら全部、わたしの決めつけかもしれないから。

ただ心に問いかけ続けることだけが、思い込みから逃れる唯一の方法。

暑い季節に翻弄されながら、夢と現実の境目がよくわからなくなる気分を楽しんでいる。

【モノローグ／ものろーぐ】
心と繋がる方法。

安らぎ

"人は自分と違う"を理解したら、次は、その事実を受け入れることが難しく感じてきたこの頃。
気持ちの整理の仕方を、実はまだ見つけていない。最近、そのことでよく悩む。
なんだか、わたし自身を守ることに、いつのまにか必死になっているようだ。

その悩みはいつも通り、「どうしてだろう？」と自分のなかで消化できないままぐるぐると回り続ける。
その先に待ち受けているのは、八方塞がり、そして自信の揺らぎ。

そんなことばかりしているとクタクタになる。
ずーっとひとりでいれば、こんなこと考えなくても済むのに、と面倒くさいような気持ちにもなる。
でも、人のことは嫌いじゃないのだ。本当は、いろいろな人とたのしく過ごしたいのだ。

・・・

麻生地の布にくるまって、少しぼーっとしてみる。
さっきまでの慌ただしさから少し離れて、ひとりになる。
甘いマシュマロの香りが、生温い風に乗って届いてきた。

ふぅ、と自分の肩にほっぺたを寄せてみる。少し遠くから、人の話し声。
わたしの心は安らぐ。

芝生を見つけると、ゴロン！と寝転びたくなるのは、わたしだけではないはず。
直接肌に触れると、まぁチクチクして痛いけれど、すぐ近くで芝の青臭さがするのは、なんだか落ち着く。
昼間もいいけれど、どちらかというと夕暮れから夜にかけての時間帯にそうしたい。

朝ご飯に、最近は"果物パラダイス"をするのがマイブーム。
起き抜けに、よく冷えた梨を冷蔵庫から取り出し、包丁でちゃっちゃとカットして、わざわざベランダで食べたりする。
普段の朝ご飯は、食べたり食べなかったりで、朝昼兼ねたブランチで済ませることも多いけれど、ここ最近は果物が美味しくてたまらない。
梨以外には、スイカがよく登場する。スイカはカット済みのもので楽しくもなるけれど、四等分された大きめのスイカを欲張って食べるのも至福。

・・・

まっすぐに考え抜くことだけが、問題と向き合うことだと思っていたけれど、全然関係ないと思っていることが案外、解決への近

道だったりするのかもしれない。

ご機嫌でいると、どうやら周りに優しくなれる。
固まりがちなわたしの脳みそと、体の外側をうっすら覆っている
壁（それはたぶん、自分を守るための鎧のようなもの）が柔らか
くなる。

心が安らぐ時間を作る、空間を作る、食べ物を食べる。

難しいことはさておいて、たのしく明るく気分よく過ごしている
だけで、すんなり悩みを切り抜けられる。そういうことも、きっ
とある。

【安らぎ／やすらぎ】

自分自身のご機嫌とり。

no.37
夕立

青と白のコントラストがはっきりしていた夏の空。
淡い色合いの空もいいけれど、パキッとキマった空もなかなか元
気が出る。
ふと、涼しい風がわたしの横を通り過ぎた。あっという間に空か
ら雨が降ってくる。

「あ、夕立だ」

この季節だけの特別な時間。

空いているカフェに行き、わたしは本を読んだり、動画を観たり
して好きに過ごしていた。
閑散とした店内で、少し離れたところに座っている３人組の女
の子たちの姿が目に留まった。
なにやら相談会のようだ。ひとりの話を聞いている。

数分が経ったとき、さっきまで笑っていたはずの女の子のうちの
ひとりが号泣し始めた。何があったのだろう。わたしには事情が
まったくわからない。とにかくボロボロ、ボロボロと彼女の目か
ら涙は止まらない。洪水のように溢れ出した涙は、乾いて固まっ
てしまっていた汚れを落とすために、何度も何度も流れているよ

154

うだった。

慰めや励ましの言葉をかけられているのに、それでもボロボロ泣いて、ゴシゴシ拭いて、その繰り返しは彼女が今までため込んできたもののお掃除のようでもあり、傍から見ていたわたしからすれば、なんだか強く、美しくも思えて、きっとこれから輝くための準備だな、と思った。

さぁ、いつ止むんだろうか。
きっとすぐにまた晴れた空になるだろうに、今回はなかなか時間がかかっている。
空もお掃除が必要なのかな、なんて思っていたら、パーッと光が差し込んできた。

さっきの彼女も、わたしが席を立つ頃には泣き止んでいて、ケラケラと軽快に笑っていた。安心した。
彼女のおかげで、そのお店全体に、透き通ったいい匂いの空気が吹き込んできたようだった。
まるで夕立後に虹が出た空のような、そんな気持ちのいい空気。

ザーッと夕立が降るように、顔をぐしゃぐしゃにして泣くことなんて、最近のわたしはしていない。

思春期っていつまでなのだろうか。大体は 18 歳頃で終わるらし

いけれど、人それぞれだろう。
わたしはもう、思春期とはいえないのだろうか。少しさみしい、気もする。

思春期って夕立みたいに、突然大きな何かに覆われることが多かった。
とてもつらいけど、それはそれで大事な時間、大事な栄養だったと思う。

夕立が過ぎたと思ったら、少し安心できる。
時間が解決するって本当なんだ。と思う。

まだまだわかっていないことがあるだろうけれど、ほんの少し視界が開けたような気がした。
だいぶ、平和になってきた。

感情の起伏で忙しかったわたしはどこへやら。

さよなら、またね。
でも、きっとまたすぐにね。

nonopedia

【夕立／ゆうだち】

思春期みたいなもの。

夜更かし

さ、寝よう。と電気を暗くしてから早2時間。最近よく聴いているプレイリストも、もう聴き終わってしまった。

シーンとした部屋にいると、どんどん闇に飲まれていく感覚に陥る。
そんななか外から人の笑い声が聞こえてきたりすると、無性にさみしくなる。
そういう空気も音も感じたくなくて音楽を聴いていたのになぁーと、チカチカ光っている充電中のバッテリーを見つめていた。

今夜はまったく眠たくならない。
この際、無理やり寝ようとせず、夜更かしをしてしまおうと決めた。頭が変に冴えている。
体が疲れすぎていたりすると、眠れなくなる。本当に、たまになのだけど、朝まで起きたまま過ごすことになる。
今夜はそんな稀な日らしい。

面倒だなぁと後回しにしていたことをいろいろ片付けてしまおうと思い、ベッドから出た。

まず、クローゼットの洋服をきちんとたたみ直した。スッキリし

た。
いつもこんなふうに、お店みたいに整えておければいいのだけれ
ど、そんなに几帳面ではないし、新入りが入ってきたりすると配
置もどんどん変わっていくので、仕方ない。

春夏服から秋冬服へ替わるこの時季、久しぶりの出番を待ってい
るお気に入りの洋服たちは、やっぱり可愛くて惚れ惚れする。
こうやって、着るのをたのしみにしているシーズン前が一番ワク
ワクする。

いざ季節も本番になると、なぜか同じ服ばかりを着てしまう。
冬の場合は、考えている時間に冷え切ってしまうのに耐えられず、
とりあえず着た瞬間から暖かさを感じられる服(トレーナーな
ど)を選んでしまう。
今年はいろいろな服を着たいので、整理整頓を心がけようと思っ
た。

さて、次は洗濯機の掃除。
別に急いではいないけれど、せっかくだし今夜やってしまおうと、
使い古しの歯ブラシで、排水溝と繋がっているパイプのあたりを
クルクルと綺麗にした。
それからトイレ、キッチンのガスコンロ周り……と順番に掃除を
した。
いつも自分がお世話になっているものたちがどんどん新品のよう
に輝き始めるのは、気持ちがよかった。

こんなふうに夜更かしをしていると、ふと猫の鳴き声や、バイクのエンジンを思いっきりふかしている音が聞こえてきたりする。まだまだ起きている動物や人間がいるんだなぁと、少し心さみしさが薄れる。

カーテンを開けてみたら、思っていたよりも綺麗な夜景が見えた。あぁ東京だなぁと思う。地元に住んでいた時間より、もうこっちにいる時間のほうが長いはずなのだけど、なぜか夜景を見るたびにそう思う。
慣れたようで慣れていないのだ。

あちこちに灯りがついているこの街で、遠くから見たらわたしが住んでいる部屋なんて蜂の巣の穴のひとつみたいで、そんななかで息を吸って吐いて、日々を過ごして、疲れて、癒されて、楽しんで、落ち込んでいるなんて、本当に大したことない。
ちっぽけで、仕方ないなぁと思う。

夜の街は昼間よりも広く感じられて、心がうるっとしてくる。

明け方近くになると、都会でも鳥が鳴いていたりする。
窓を開けても、田舎みたいないい匂いはしないけれど、ほんのり秋の匂いがして心がキュッとなった。

少し眠気が近づいてきたので、バタンとベッドに横になった。

昔ひと目惚れして買った、とある写真集と目が合ったので、本棚
から引っ張り出してみた。表紙のザラザラな手触りは、古い絵本
のようで毎度ワクワクする。ページをめくるごとに心のなかがザ
ワザワ〜とする。
まだまだこの写真たちが好きなんだなぁと、自分の心の反応を感
じて安心した。
衝撃的に好きだ！
と思った特別な一冊だったので、その感覚が消えてしまうのはさ
みしい。
この写真集はわたしにとって、今も唯一無二の存在であることが
わかった。
子どものように無邪気な気持ちがむくむく蘇ってきた。

幼かった頃、たまに家族みんなが寝たあと、漫画雑誌の好きな部
分を何度も読み返したり、子ども部屋から静かにリビングに戻っ
てアニメの DVD を観たり、冷蔵庫をゴソゴソ覗いてハムと目玉
焼きを焼いて食べたり、ランドセルから友達との交換日記を引っ
張り出して、どうでもいいことをわけもなくカラフルにして書き
足したりしていた。
懐かしいなぁと思いつつ、夜更かしを楽しむ方法は昔から大して
変わっていないんだなぁと思った。
ひとりで遊ぶのも得意なのかもしれない。

　日が昇るまでの時間、今回は珍しく掃除なんてしたけれど、今度

は漫画を読んだり、小説を読んだり、ドラマや映画を観たりして、もっと楽しい気持ちを詰め込んで、だらっと過ごしたいなぁと思う。

【夜更かし／よふかし】

自由時間。

no.39
ライト

目を閉じて、すーっと息を吸った。
まぶたの裏に小さな光がちらつく。
息を吐くと同時に、今すごく緊張していることを感じた。
瞬く間に心臓の音が大きくなり、体のなかで太鼓がドンドン、ドンドン鳴っているよう。
その音はお腹の底まで響いた。

何度経験しても、この不安と緊張と楽しさが入り交じった高揚感を無視できない。
この感覚が好きになっていた。
初めてステージに立ち、ライトに照らされたときは、まぶしくて前が見えなくなり、クラクラしたというのに。

あと1分。
普段ならすぐに経つのに、長い。
みんなの顔を見てみると、それぞれに集中した目をしていた。わたしもまっすぐ前を見る。
もう、早く始まってほしい。と思った瞬間、男性スタッフの声でカウントが始まった。3、2、1。

まぶしいライトの光がスッとこちらに差し込んでくる。ドキドキした。待ちに待った、ライブという時間が始まった。

162

・・・

ライブを終えたあと、家に帰りさまざまな用事を済ませて、ベランダに出てぼーっとしていた。

ビルのてっぺんで何かの目のように光っているサーチライトを見つめていた。
赤い目の生き物といえば何だろうか。虫のようだと思いながらも、虫に詳しくないので考えるのをやめた。
それらは、綺麗とも美しいとも思えないけれど、夜の街でしっかり目立っていた。

寒いし、疲れたし、そろそろ部屋の中に入ろうと思いながらも、なかなか立ち上がれない。思っているより体へのダメージは大きかったようだ。長い一日を終え、ほっとしていたこともあるのだろう。

なんとなく、今までのさまざまなステージの記憶を遡っていた。

どれだけ緊張しても、最後には楽しかった記憶ばかりだ。残念ながら、ひとつひとつをきちんと覚えているわけではないけれど。

なかでも、わたしの印象に強く残っている、特別な瞬間がある。袖からステージに上がるときのことだった。まだ、わたしは

EXPG STUDIO というダンススクールのキッズ生徒だった。
その日はサポートダンサーとして、初めてステージに立たせてもらった。本番前から、会場の広さと、お客さんの多さにとても興奮していた。
いざ出番が近づくと、わたしの胸はさらに高なった。スタッフの掛け声とともに、目の前の階段を駆け上り、黒い幕がぱっと開いたそのとき、視界いっぱいに星空があった。ように思った。お客さんが持つペンライトが、星のように見えたのだ。
本当に本当に綺麗で、その景色に心底感動した。
「すごいすごいすごい！」と心のなかで叫びながら、花道を走った感動はこの先も忘れないだろう。

　そのあとも、たくさんの人がいるなかで、まぶしくライトに照らされている、という状況に何度も圧倒された。
　足が震えたこともあった。腰が砕けそうになったこともあった。

　袖から本番前のステージをちらりと見るのも好きだ。
　かすかに音楽がかかり、ライトだけがぼんやり光っている。魔法がかかる前のステージ。綺麗だった。

　思えば、ライトというものは現実をドラマチックに変えてくれている気がする。

ずっと前にもそう思ったことがあった。

何か悲しいことがあったのか、そのときわたしは泣いていた。

車の中にいて、泣き面を窓の外に向けていた。車がトンネルを抜けて、何気なく信号や街灯が目に入ったとき、驚いた。光たちが涙で滲み、ボヤボヤと輪郭を失って、本物よりも何倍も明るく見えた。

泣きながらも「うわぁ、いいもの見た」と思った。

いつもは無機質なそれらに、なんだか癒された。

もしかしたらその頃から、ライトの灯りが何かを照らし、魅せる世界に、惹かれていたのかもしれない。

夜空を飛ぶ飛行機のライトがチカチカ光って見える。あの飛行機はどこに向かうのだろうか。遠い外国とかに行くのだろうか。乗っている人はどんな気分なのだろうか。

もしかしたら、誰かがあの小さな窓からこちらを見ていて、街のライトに涙を滲ませているかもしれない。

そうだといいなぁなんて思いながら、部屋の中に入った。

nonopedia

【ライト／らいと】

惹きつけられるもの。

理想

何かに憧れたり、ときには嫉妬したりしながら、"理想"はわたしのなかで少しずつ作られる。

"憧れ"は、自分にないものや自分とは違うもの、知らなかったもの、綺麗だと思ったもの、カッコいい、可愛いと思ったもの……そんなものへの素直なリスペクトの気持ちだと、わたしは思っている。
"憧れ"が見せてくれる世界は、わたしの視野を広げ、今までの生活をぐんとたのしくしてくれる。

"嫉妬"は憧れに似ているけれど、両方の漢字に「ねたむ」の意味がある。あまりいい印象の言葉ではない。
わたしも今までいくらか嫉妬をしてきて、その対象は、特別な雰囲気を醸し出している人や場所、などなど。いいな、素敵だな、と惹かれつつ、どこかにどろっとした気持ちが潜んでいる感じ。

でも、そんな"嫉妬"から教わることも多かった。
他の何かを羨望しつつも、わたしが生きているこの空間の中にだって、魅力があるじゃないか。と考えるきっかけになった。集中して自分自身を見つめる機会になった。そのおかげで、少しずつ前向きになれたりもした。
だから、嫉妬も案外、悪い気持ちではないと思っている。

今までどんな気持ちに出合っても、こんなふうに処理して、学んできた。
しかし、よく周りの大人が言ってくれていた「スポンジのように
なんでも吸収できる時期」は終わりかけているように、最近思う。

理想の幅が小さくなったというか、わたしはどこまででもいけるのではないか、と思わせるようなぶっ飛び感がなくなって、まぁきっと無理だろうな。と現実を悟るようになってきた。

以前は、簡単に他人に影響されて、いつかわたしもあの国に住み、こんな仲間と、こんなふうに時間を過ごしてみたい！　などと夢を見ては、ワクワクとときめいていたけれど、今ではそんなふうに気持ちが盛り上がることがなくなってしまった。

何でも目新しかった世界から、本当に好きになれるものや、大事にできるものを探し出せた結果だとも思えるし、単に現実のなかで、自分の未来に安心したいだけなのでは？と疑ってしまうときもある。何かがもう、決定的に違ってきているのを感じている。

今は、現実的に叶えられるもののなかから未来を想像し、どうすれば叶うのかを考え、きちんと準備をして、ということばかりを思い描いているし、実際に行動してもいる。
大人になるって、そういうことだろうから、当たり前なのかもしれないけれど、なんだかかつてのワクワクやときめきが薄れてし

まって、少しさみしい。

今も、もちろんすごく楽しい。きっと、もっともっと楽しいこと
を見つけられるとも思っている。

でもあの頃は、未来を想像しただけで今を頑張れてしまうような
熱量が自分のなかにあった。
そのエネルギー源だった"理想"は、もうどこかにいってしまっ
たようなのだ。
とはいえ、それは本当に叶えたいほどの理想だったのかも、もは
やわからない。それくらい、ふわふわと泡のように膨らみ上がっ
ていた、勢いはあるけど簡単に消えてしまう気持ちだったのだろ
う。

取り戻そうとしても、きっともう取り戻せないあの気持ちは、も
う取り戻さなくてもいい。そういうことなのかもしれない。

きっと、"理想"に対してのわたしの理解が、変わり始めている
のだ。

これまでは、絶対に届かないと思って、そのぶんどこまでも自由
に想像できるものだったけれど、今は、わたしが本当に手に取り
たくて、確かに経験し、叶えたい、と思えるものになったのだ。

理想なんて「いつか、いつか」とずっと遠くにあってほしい気もするけれど、その「いつか」に向けて、もう現実的な準備を始めなければならないタイミングがきているのかもしれない。

今の理想に、今の熱量で向かう日々を、これからはたのしみたいと思う。

【理想／りそう】

思い描けば、きっと手が届くもの。

ルート

とある日、わたしは突然思い立ち、次の日にはとても早起きをして、荷物をまとめて家を出た。そんな日は、目覚ましも必要なければ、何を着ようか迷うこともない。不思議とすべて決まっていたかのように、無駄なくわたしの脳と体は動いていた。

さて、このバスに乗れば、スムーズに目的地へ行けるはず。

そう思い乗り込んだのだが、おかしい、次は停まるはずのないバス停に停まるようだ。もしかして……と間違いに気がついたときには、もうすでに扉は閉まりかけていて、あっという間に発車してしまった。

あ、と思いつつ腰もあげられず、運転手さんに声も掛けられず、そんなわたしは普通に予定通りこのバスに乗っている人にしか見えないと思う。

計画していないことが起こるのが、旅だろう。

それにしても、こんなふうにとっさにタイミングを逃してしまうことがたまにある。どうにもこうにも固まって動けなくなる。ストッパーがかかるようなこの症状は、わたしの癖になりかけていて、困る。

そんなことを思っていたら、横に座っていたお姉さんが持っていたキャリーケースが、発車の勢いで、スーッと前に滑っていった。危ない！と思ったときには、手が届く場所どころかあれよあれよと前方の席まで滑っていってしまった。

幸い、このバスにはわたしとお姉さん、それと穏やかな運転をする運転手さんしか乗っていなかったので、誰にもぶつからずに済んだし、事故になることもなかった。しかし、ヒヤッとした。

運転手さんはこちらを確認している様子を見せながら、次の信号で止まった。お姉さんはさっと立ち上がり、キャリーケースを掴みに行った。また後方の席に戻ってくるかと思いきや、そのまま誰もいない前方の席に座った。

わたしはとっさに手も足も出ず、お姉さんの手助けができなかったことに、すみません、と心のなかで謝った。そして、大きな事故にならなくてよかったなとホッとした。

うとうとと、少し眠ってしまって、目が覚めたらもう田舎町だった。

東京から少し離れれば、あっという間に田舎に出られる。今日は久しぶりに天気がいいこともあって、これまで雨に濡れっぱなしだったであろう木々たちが、生き生きとしているように見えた。

枝はピーンと太陽に向かって背筋を伸ばし、紅や黄に衣替えした葉たちは、つやつやと光っていた。

バスに乗っていると、しかもどうやら各停のこのバスだと、とてもゆっくりと景色を見ることができた。途中、眠れたし、起きたら景色も綺麗だし、なんだかんだ間違えてよかったのかもしれない。
何分後かに、もし、早く降りておくべきだったと思うようなことが起きたとしても、もういい。
今がすごく心地よいから、いいのだ。

ここにいるのは、わたしとお姉さんと運転手さんの３人だけ。
エンジンと風のゴーゴーと鳴る音だけが柔らかく響いていて、イヤホンを耳に挿すことさえ忘れていられる時間は、幸せだ。

外を見ながら、その空気を感じながらわたしは思う。都会にいれば田舎が恋しくなり、田舎にいれば早く都会に出たいと思うなんて、わがままな気持ちだなと。

この自然に対する感動だって、そう長くは続かない。慣れてしまうだろう。感情は、あっという間に鮮度を失う。だからこそ、思いきり感じておく。その新鮮な気持ちを吸うことこそが、今のわたしには必要なことだったのかもしれない。

さて、遠回りをしながら、目的地にはついた。お姉さんはいつの
まにかバスを降りていた。特別仲良くなることはなかった。運転
手さんと親しく言葉を掛け合うことも、特になかった。

みんなそれぞれの時間を、なんてことなく生きていた。

早足にわたしも歩き出す。待ってましたと言わんばかりの夕陽が
目の前に見えて、本当に綺麗だった。

東京よりもはるかに広い空が赤く染まるのを見ながら、わたしは
宿への坂を登って行った。

・・・

こう、何かに向かっているとき、つい人生と重ねてしまう。

道はひとつではない。

今まで以上のエンジンを自分のなかにかけなければ乗り越えられ
ないものもあれば、すんなり進めることもある。

自分のいる場所を見つめて、心が楽になるときと、そうじゃなく
て焦るときがある。そのときどきで考えは180度変わってしま
う。わたしって、そんなものなのだ。

状況、心境、タイミングに影響されている。でも、それでいいとも思っている。目的地が変わっていないのであれば、進み方はいくらでも柔軟なほうがいい。

毎日を少し窮屈に感じたら、寄り道や周り道をして力を抜いて、なんてことのない出来事をしっかり「なんてことのないこと」だと思えるような、余裕を取り戻していきたい。
どう頑張ったって、他の誰かになれることもなければ、何もしないで素晴らしい人になれるわけでもないのだから。

今をたのしく、今を一生懸命、大切に。
今のわたしを認めて、進むのみ。

たとえ遠回りをしても、今回の旅のように結果良かったなぁと、いつだって思えるだろう。

【 ルート／るーと 】

何でもアリ、ただ進むのみ。

no.42

連絡

スマートフォンの画面がピカッと光って、新着メッセージを表示した。友人からだった。彼女は約1年前に、少し遠くに引っ越した。

「とはいえ、国内だからすぐに会いに行けるよね。海が綺麗だろうなぁ、いいなぁ！」

なんて言っていたけれど、こんなご時世になってしまって、遊びに行くことも、友人がこちらに戻って来ることもできていなかった。

そんな調子だったから、
「仕事に合わせて、東京に数日戻るよ！　予定が合うならご飯行こう」
との連絡に、わたしは思わず顔をほころばせた。

ゆっくりと話すことができるなら、外でも家でもどこでも良かったのだけれど、たまたま食べてみたいものを購入していたので、せっかくなら一緒に食べて、感想を言い合いたいな、と思い、自宅に誘った。彼女は「いいね！　楽しそう！」と返事をくれた。

175

当日「もうすぐ着くけど、コンビニで何か買ってく？」なんてい
う電話がきた。本当にすぐ近くにいることを感じ、うれしくなっ
た。わたしは、家に足りない飲み物だけお願いして、バタバタと
部屋の片付けを進めた。

ピンポーン！とインターホンが鳴った。

扉の前に立っていた彼女は、相変わらず元気で明るい笑顔で、た
だほんの少し落ち着いた雰囲気をまとって、大人っぽくなったよ
うに感じられた。

SNSで普段のお互いの様子は知っていたはずだけれど、第一声
はやっぱり「久しぶりー！」。

こうして向かい合っていると、昨日も一緒にいたような気さえす
る。それほど馴染みのある空気と存在感。それなのに話すことが
山ほどある感覚が、おかしくて、楽しくて、盛り上がった。
あっという間にいつもの空気になれたことに、わたし自身がすご
く安心していたし、その居心地の良さになんだか驚いてしまった。

会えない時間が長くても、過去に過ごしたそのときの心の距離が
近かったことが、何より大切だったことを知った。

彼女と話していると、とても楽だ。

わたし、普段誰かと話すときは無意識に、たくさんのことを気にしながら話していたのかもしれない。いつだって相手の顔色をうかがって、疲れていたのかもしれない。

そんなことに気がついた。

楽しい時間を過ごしたあと、
「またすぐ会おう！　今度はわたしがそっちに行くね！」
なんて言って、彼女を見送った。

・・・

連絡の手段として LINE が当たり前になってから、メールでの連絡はほぼしなくなった。昔は、着メロを設定したり、メールを一通一通遡ったりすることが、密かに楽しかった。
好きな人にメールするときや、誰かに気まずいことを言わなきゃいけないときは、送信ボタンにありったけの思いを込めて押したりして、今よりも一通に重みがあった気がする。携帯電話そのものが重かったこともきっとあったし、いちいちボタンを押すという行為は、スマートフォンのタップと大きく違う。

LINE はメールよりも気楽だからこそ、全然会えていないあの子にもいつでも連絡できる。手軽なことの良さはたくさんある。たとえ遠く離れていても、繋がれる手段があることで、疎遠にならずに関係が続く。

出会うすべての人と、心を通わせられるわけではないから、一度心を通わせた相手とは、遠く離れたからといって関係が終わってしまうのはさみしい。

その人のタイプにもよるけれど、大切な人とは、会えないぶん連絡を取り合って、こんなことがあったよ、悩んだよ、喜んだよ、悲しかったよ、怒ったよ、と気持ちをわかち合いたい。

連絡はあくまで手段に過ぎなくて、相手の表情やテンション、本心など、直接顔を合わせなければわからないこともたくさんあるけれど、そうやって繋がっていることは、大きな支えにもなったりする。

面と向かって深く繋がることとはまた違った角度から、人と人との関係性を豊かにしてくれる。連絡って素敵。

nonopedia

【 連絡／れんらく 】

心の通じ合いを、支えてくれるもの。

ロマンティック

わたしの家族は、感動の場面を作ることがとても苦手だ。

例えば、母の日に「ありがとうの手紙」を書くこと。その手紙を渡し、読んでいる母が目の前で感動し涙すること。
父の日に、家族で力を合わせて父の好物を作ってあげること。「お父さん、いつもありがとう、大好きだよ」と言うこと。

こういった感動の場面とは、幼い頃から無縁だった。父の日の喩えなんて、裏で毒殺計画でも練っているに違いないと思ってしまうほど。

うちってなんというか、ロマンティックのかけらもないよなぁ、と、ドラマや映画の世界と比べて、よく思っていた。

きっと母から受け継がれたこの感覚は、母に「ありがとう」を言いたくないわけでも、父に料理を作ってあげたくないわけでもなくて、ただ家族の距離感をシーンによって急に遠くにしたり、近くにしたりする感覚が妙に小っ恥ずかしかったのだと思う。

中学卒業のときに両親へ手紙を書く時間があり、クラスの子が時間をかけて書いているのを横目に、わたしは「いつもありがとう」の一言ですぐ書き終えた。それ以外、何を書いたらいいのか、

本気でわからなかった。残り時間、ぐすんとすすり泣く音が聞こ
えてきたときには、机に伏せていた顔を思わず上げた。「すごい
な」と自分の持っていない感覚に驚く気持ちとともに、ちょっと
オーバーだなと思ってしまったことも事実。

そういえば、姉もいつか同じ状況に驚いたと言っていたことを思
い出した。

あのすすり泣いて手紙を書く感覚のほうが普通なのだろうか、う
ちはドライなのだろうか、心が貧しいのだろうかと少々悩んだ。
その結果、うちはやっぱりちょっと特殊なのかもしれないと思い、
母にそれを伝えてみたところ「特殊か特殊じゃないかなんて、他
の家族にならない限りわからないでしょう。うちは普通」と言わ
れ、確かに、と思った。

・・・

わたしは、中学を卒業したのち上京して、寮で一人暮らしを始め
た。あまりにサラッと家を出て行ったわたしを母はどんな気持ち
で見送っていたのだろう。

母もやっぱり特別なことはしないで「はい、気をつけてね！　い
ってらっしゃい！」と、いつものトーンで言ってくれた記憶があ
る。

上京し、ひとりのさみしさを知った。そしていろいろな人と出会って、話をして、わたしの心にはなかった温度を伝えてくれる友人もいて、わたし自身が段々と変わり始めた。

そして徐々にわかってきたことがある。
もしかしたらわたしは、勘違いしていたのかもしれない。
きっと、感情が薄いとかドライだとかいうことではなくて、ただ物事を大げさにしないことが我が家の暗黙のルールだったのだ。
小さな感情は小さいままで、心のなかで大切にしていればそれでいい。
ただの照れ屋だとも言えるかもしれないけれど、日々の暮らしのなかで、自然とそこにある感情を、そのまま受け止めるというのも、ひとつの立派なポリシーだ。

ロマンティックという言葉には、恋愛的な意味だけではなく、感情を大切にする、というニュアンスがあるらしい。そういう意味では、我が家だって、あのすすり泣いていた子の家族に負けず劣らず、ロマンティックだったと言えるかもしれない。

映画やドラマのなかのような感動的なシーンはないけれど、そのおかげで仮面を着けずに生活することを教えてもらった。家の中では、感情をあえて抑えることも、大げさにすることもなく、いつも"気楽"でいられた。

もう、絵に描いたような感動的なシーンをうちの家族に望むつもりはまったくない。

小っ恥ずかしくなるような言葉を掛け合う相手は、友人や、東京で出会った人だけでいいや、と思う。

とはいえ、伝えておきたいことは伝えられるうちに伝えておかないと、いつ何が起こるかわからないと感じる今日この頃。

家族と離れている今だからこそ湧き上がってくる感情もあるから、そのまんまの大きさと温度で、しっかり伝えていきたいと思う。

【 ロマンティック ／ ろまんてぃっく 】

そのまんまの感情を大切にすること。

わたし

最終回なので "わたし" というテーマで、ここにありったけの想いを書いてみよう、とは思ったものの、何をどう書いたらいいのかさっぱりわからない。

あまりに進まないので、もうこのテーマは諦めたほうがいいか……とすら思う。この景色を5時間は見ているし、ずーっとここにいる。いつのまにか日が暮れて、2杯目のコーヒーも、もうなくなりかけている。

悩んでいること、考えていること、感じたこと、気がついたこと……その時々のわたしの心をののペディアで書いてきた。

そのおかげで、随分と楽になったこともあったし、壁にぶつかったときの思考回路がすっきりとしてきたように感じる。
それから、忘れたくないこともしっかりと書き留められたように思う。

わたしにとって、この時期をののペディアとともに過ごせたことが、思っていた以上に大事な経験、記録になった。
ののペディアのおかげで、今まで見て見ぬ振りをしていた自分の心と向き合い、わたし自身をもっとよく知ることができた。

例えば、負けず嫌いなところ。あまり向き合いたくなかったわたしの性格のひとつ。

いつからこうなったのだろうか……小学生から？　中学生から？　いや、きっと大人の世界に入り、働き始めてから"負けず嫌い"は本格的に発動した。それまでは、悔しいという感情を強く抱くことがあまりなかったように思う。
厄介な感情でもあるけれど、この気持ちのおかげで、私の持っている武器がどれだけ弱くても、立ち向かおうとする気持ちがメラメラと湧いてきているのだと思う。

そして、わたしは元々何かを続けることがとても苦手。すぐに飽きてしまうし、苦手だと少しでも思ったら、やめる選択をしてきた。しかし、EXILE HIRO さんから「継続は力なり」という言葉をいただいてから、継続する努力をするようになった。そしたら、いいことがたくさんあった。

さすがに、何もかもすべては続けられていないけれど、こうしてののペディアを書くことも途中で放り投げずに継続したことのひとつ。あとは、ダンスや、ヨガ、料理などなど。些細なことでも続けていると、当たり前にスキルが上がる。体に馴染む。途中でやめてしまうと、取り戻すのにとても時間がかかるだろう。継続し、積み上げていくこの感覚を、これからもずっと持ち続けていきたい。

見たくないものを見つめてみたり、できないことと向き合って、できるように努力したりしたおかげで、嫌いだった自分の性格を、少しずつ好きになり始めている。

そう思えるまでに、かなり体力を使ったけれど、その分、自信を持てるようになった。自分自身と信頼関係を築くことが、わたしを強くした。

これからのわたしもきっと、うだうだと悩んだり、落ち込んだり。かと思えば、すっかり忘れてしまったり。そんなことを繰り返していくと思うけれど、わたしにとってそれが一番の充実なのかもしれない、と思っている。

そっちのほうが、楽しいのだ。疲れるけれど、楽しい。

心は、とことん動かすべし！
がんばれ！　未来のわたし！

・・・

いつも変わり続けるわたしの心と体。

無視をしないで、知ろうとすること。
知って、受け入れて、大切にする力を鍛えていくこと。

ののペディアは、わたしがわたしを生きていくうえで欠かせない
ことを教えてくれた。
本当にありがとう。

【 わたし／やまぐちののか 】

生きている限りずっと向き合うもの。

no.45
E-girls

"あなたにとって、E-girls とはどんな存在ですか？"

この９年間を締め括るとき、何度も聞かれた。わたしはいつもうまく答えられないでいた。

解散した今だって、実はまだよくわからないでいる。

わたしにとって、E-girls とは何だったのだろうか。とても一言ではまとめられないのだ。何に喩えたらしっくりピッタリくるのだろうか。やっぱり悩んでしまう。

思いもよらぬタイミングから始まった E-girls としての日々。突然集められ、向かった先で行われた驚愕の合宿生活。そこで行われたオーディションに合格したことにより、わたしは E-girls としてデビューすることになったのだ。構える暇もなく、本当にあっという間に時計の針が進んでいった。

だから、デビューしたての頃の記憶はほとんどない。

何をして、何を考えて、どんなふうに生きてたんだっけ……記憶喪失になってしまうほど忙しかった。忙しすぎると記憶が飛ぶん

だと驚いた。

初めてのことが山ほどあって、頑張っても頑張っても、ひとつも
慣れることなんてできなかった。

先輩やスタッフが沢山いる楽屋の椅子に座ることにすら悩んだ。
そもそも座っていいのだろうか、どこに座るべきなのだろうか
……と。
自分の部屋に帰るまでは、緊張感でいっぱいだった。新しい世界
のスピードについていくのに、とにかく必死だった。

学生だったので、学校のレポートもやらなければならなかった。
レポートは、正直なかなか手が回らないことが多かったけれど、
提出の期限だけはとにかく守った。
わけもわからずに、ただただ突っ走った毎日だったと思う。

今振り返ると、よくやっていたなぁと思う。
逃げ出さなくて、偉かったじゃん！と褒めてやりたいくらいに。

レッスンとレッスンの合間や、収録とリハーサルの隙間時間で、
よくメンバーとご飯に行った。楽しくて、リラックスできた。
インドカレー屋がお気に入りだった。
成長期なので、よく食べた。いつもナンを４枚はおかわりした。
このまま食欲が止まらなかったらどうしようかと、本気で悩んだ

時期もあった。

何もかもが、初めて！の時期が過ぎると、精神面の成長が必要に
なった。

わたしの幼い思考が、大人のやりとりをどんどん覚えていった。
大人と会話しているときのわたしは、子供らしさを装って、でも
大人のふりもしなければいけないと思い込んでいた。それがすご
く難しかった。

そして、嫉妬心を隠すことがわたしにとっては、何よりも難しか
った。
わたしは、他のメンバーに勝るものが何もなかったので、いくら
努力したって、わたしなんて誰にも追いつけないんじゃないか、
と本気で落ち込んでいた。
誰かが褒められると、発狂しそうだった。
あの頃は、人それぞれに持ち味があることに気づけず、それを受
け入れることが苦手すぎたと思う。きっと見ていて、痛々しいほ
どに。

次は、技術面の向上が課題だった。
レッスンを受けまくって、ダンスが嫌いになった。できないし、
もう楽しくない。自分が望んで始めたことだったけど、何でこん

189

なことをしてるんだろう、と思った。あまりの厳しさに、同じ環境にいた石井杏奈と武部柚那と、スタジオから出てすぐにお互いを抱きしめあった。
"大丈夫、大丈夫！"
そういうやりとりが、頑張る気持ちを繋げてくれていた。ひとりじゃないことが、心をとても強くしてくれていた。

ついにE-girlsとして11人で出発することになった時期は、プロジェクトからグループへと形が変化したことによって、気持ちの面がかなり変わった。
先輩と今までよりも距離が近くなったように感じて、うれしかった。ご飯会をしたり、みんなで部屋に集まったり……メンバーの誕生日には必ずみんなからのプレゼントを渡したり。
"11人"を強く意識するようになった。

今振り返ると『E.G.11』のライブツアーがさらに絆を強くしてくれた気がする。あのライブの最中、話し合いがあり、みんなの本音をしっかり聞いた。
それぞれの胸の内に、涙を流した記憶がある。
みんなそれぞれのタイミングで、やる気が湧いたり、モチベーションが下がってしまうこともあったと思う。バラバラになってしまうタイミングもあった。
女の子の集団はひとつになることがとにかく難しい。でも、わたしたちは気持ちを打ち明けあって、ここぞというときには、ひと

つになれた気がした。

それでも、そのときは訪れてしまう。——それぞれの道に進むことを、わたしたち自身が決めた。
時間は有限なのだ。
ずっとこのままではいられない。
本音で話し合うことができたわたしたちだったからこそ、みんなでこの決断に至れたのだと思う。
それぞれを信じ、それぞれを認め、応援していた。

2020年はライブツアーをして、最後を締めくくろうとしていたのに。すべての予定は、新型コロナウイルスの影響で、中止となってしまった。

中止の決定が下ったのは、みんなと毎日をほぼ一緒に過ごしながら、ライブツアーをしていた期間の真っ最中だった。
まさか、こんな世界的な問題になるなんて。あのときは知るよしもなく、ライブツアーはすぐに再開できるものだとばかり思っていた。

スケジュールがぽっかり空き、家にずっといた。何もすることがなくて、ひたすらに本を読んでいた。自分の時間ばかりになったことに戸惑った。

実はそんな自粛期間を、まるでプレ解散期間のようだと感じていた。解散したらこんな感じになるのだろうか、とひとりでいる静寂さに少し怖くなった。
みんなとオンラインで会議をしたり、打ち合わせをしていると少し気が紛れた。

自粛期間が明けてからは、私たちはオンライン上でのライブを何度か経験した。目の前にファンの皆さんがいないことがすごく不思議で、慣れなくて、不安になった瞬間もあったが、横にいたメンバー、舞台の袖から応援してくれているスタッフのあたたかさが、かなりの励みとなった。
そしてコメントを送ってくれるファンの皆さんの言葉が優しくて、あたたかくて、ホッとした。

オンラインでも届いているものがあるということ、届けられるものがあるということに、感動した。

E-girls として過ごしてきて、いろいろなことがあった。本当に、いろいろあった。
こんなわたしでも、人の力になれることを知り、人に何かしらのパワーを伝えられることを知った。

そして、わたしは今、後悔なく "今" を生きている。

E-girls という存在に、かなり育てられたなぁと思う。そう考えると、親のようでもあり、学校のようでもあった。

E-gilrs だった時間を、
たった一言で表すなんて、
何に喩えたら、よかったのだろう。
何て言えたら、納得できたのだろう。

その答えが見つかるのは、ずっと先のような気もする。
未来から振り返って、初めてわかるのかもしれない。
その日までは、わからないままでいいのかもしれない、と
今のわたしは感じている。

【 E-girls ／ いーがーるず 】

未来のわたしへの宿題。

E-girlsだった日々の断片

「遠い日はセンチメンタル」

学芸大学駅から住んでいた寮までの道。

早朝や深夜にだって、何度も歩いたこの道。

みんなとワイワイ歩いたときもあった。

自分で組んだレッスンスケジュールが
思ったよりハードだったり、
思うようにうまく仕事ができなかった日には
ひとりで廃人のように歩いたこともある。

10代後半の思春期真っ只中だったわたし。
ごちゃごちゃと、
あちこちに動き回る気持ちを抱えながら歩いた。

自転車を除く

197

今日久しぶりに歩いてみたら
目につくものが飲み屋さんばかりで笑えた。
あの頃はまったく興味がなかったのに！
（未成年なので当たり前）

きっと街の様子なんてどうでもよくて
ぼやぼやにしか見えていなかったのだと思う。
景色が、今はハッキリと鮮明に見えるのは
余裕ができたのと、あの頃に比べて
理解できることが増えたからなのかもしれない。
知ろうとしないと目にも映らないし
興味がないと
頭にも心にも残らないのだなぁと思った。

それでも、街はわたしがいた頃と同じ匂いがした。

少しずつ変わっていくわたしを
止められないし、
止めてはいけないと思っている。

この街を思い出すと、胸がキュッとなる。
想いが詰まった道、
いつまでもこのまま変わらないでほしい。

「空が気づかせてくれること」

広いなぁと思ったり、狭いなぁと思ったり。
空を見上げたときの感じ方は
結構そのときの心境を表している気がして、
ひとつの物差しなのかもしれない。

青空も気持ちが良くて好きだけど
朝焼けとか夕焼けとかが一番好きかも。
じわーんとオレンジが広がっていく様子や
何層にもグラデーションになっている
空の色合いに感動してしまう。

夜は夜で
月を見てうっとりしてみたり
星を見てときめいたりもして。
すごく特別なものを見ているようなあの感覚が、
わたしなりのロマンティックを楽しむ時間で
夜空に想いを馳せることが好きなのかもしれない。

わたしが空を見上げることを好きになったのは
いつからだっただろうか。
いつも変わらないじゃん！と
昔は思っていたはずの空だけど、
いつのまにか、
わたしをデトックスしてくれていた。

考えごとも、悩みも
一旦手放せる空が好きだ。

美しくて、好きだ。

「目黒川と妄想」

目黒川が、事務所のすぐ近くにあるので
時間を見つけてはよく歩いていた。
ロマンティックな雰囲気を持っていて
ちょっと透けた空気が漂っていて好きだ。
春には桜が咲き、冬にはライトアップされたりもして
イベントの多い、派手でお洒落な川だ。

そのおかげで
同時に切ないなぁと思わせられることがある。

仲の良さそうなカップルが手を繋いで歩いているのは
目黒川とセット売りなくらい当たり前の光景だけれど
——それがわたしには、すごく素敵に見えている。
たまらなく羨ましい気持ちになってしまうのだ。

わたしがもし、
この世界に入っていなかったとしたら ‥‥‥
きっと、今頃、埼玉からわざわざやってきて
彼と手を繋いで、目黒川をデートしていただろう。
ここぞとばかりロマンティックな気分を味わって
わたしもあそこにいたカップルのように ‥‥‥。

とても羨ましいけれど
現実のわたしは、妄想してる側で良かったなぁ
とも思っている。
そんなたのしみが、まだまだこれから先にも
待っているというだけなのだ。

きっと、いつかはできるだろう。

「菅刈公園で過ごした時間」

公園にはよく時間潰しで遊びに行っていた。
まだレッスン生の頃、
すべり台やうんてい、ジャングルジムで
キャハキャハ遊んでいた思い出もある。

お金を持っていないときは
何をすればいいかわからなかったので
公園でただただプラプラ歩いたり
ベンチに座ったりしていた。
コンビニで買ったサンドイッチやおにぎりを
ひとりで食べたりしていた。

ひとりでご飯を食べるのって、
すごい苦手だなぁと思った。

グループ活動が始まると、
ワイワイガヤガヤと騒がしく盛り上がりながら、
メンバーとご飯を食べることが増えていった。
誰かが横にいるのは、当たり前の感覚だった。
ひとりご飯の、さみしさを感じる瞬間はとても減った。

これから先、何か抱えきれないような気持ちを感じたとしても、
ご飯に行こう！と、気軽に誘えるメンバーがいることってありがたい。

ここからは、ひとりで仕事をしていく。
ひとりで進んで行き、乗り越えていくことになる。

でも、ひとりで抱え込まなくても、
メンバーに相談することで気持ちを切り替えることができる。

そんな心強さが、わたしをそっと支えてくれる。

おわりに

『ののペディア　心の記憶』を読んでくださった皆さん、本当にありがとうございました。

44音。Eを入れて45音。うんと長い道のりでした。
文章を書くことが、こんなにも魂を削ることだなんて、世の中の作家さん方がさらに偉大に、いや "神" に思えた経験でした。

あ～さ行くらいまでは、書きたいこと、伝えたいことがたくさんあるのに、それを文章にする力の足りなさを痛感する日々で、大変苦労しました。
例えば、途中からなぜか違う方向へと話が逸れてしまうわたしの文章。
自分のなかでは繋がっているつもりなのですが、それはわたしの頭のなかだけの話であって、人に伝わるものではなかったのです。
それを、編集の近藤さんは毎回しっかりと読み解いてくださり、わたしの言いたいことを理解したうえで、これはこういうことなのでは？と助言をくださいました。
そんなふうに、いろいろと教えてもらいながら、文章の組み立て方、伝え方を徐々に学んでいきました。近藤さんは、わたしの先生でした。

た〜わ行では、さぁ何を書こうか……。何を伝えたいのか？もうない！　何もない！とわたしのなかにあると思っていた気持ちのストックが、あっという間に空っぽになっていたことに、とても焦りました。

連載エッセイは隔週木曜日に公開していたのですが、その締め切りが近づいてくる度に、お腹が痛くなりました。そして、逃げたい気持ちが強く働き、脳が逃避したがるので、すごく眠たくなって仕方なかったです（笑）。

しかし、毎回毎回読んでくださっている方々が感想をSNSに投稿してくださることが、とてもうれしくて！　人の心に新しい何かを届けられるって、すごいことだから、そんなうれしい反響をやりがいに頑張ることができました。

それと、頑張れた理由はもうひとつ。このエッセイ連載中、わたしの先生、近藤さんがご出産でお休みの期間がありました。そんななか、出産直後にもベッドの上からメールでアドバイスを送ってくださったのです。感謝が止まりません。そしてその時期に、わたしの面倒を見てくださったのが、GINGER統括編集長の平山さん。今回の文庫化の際にも、たっぷりお世話になりました。おふたりに、心にメラメラと燃える何かがあるのを感じました。あたたかく優しいサポートをありがとうございました。

わたしのなかでの、ののペディアの裏テーマは「心の辞典」でした。

間違いも正解もないのが "心" だと思っています。自分の心と素直に向き合っていくことが何より大切なのだと、書くことを通して、何度も痛感し、乗り越えることができました。

そして、読んでくださったあなたの心に、少しでも寄り添えるような言葉がこの一冊のなかにあればと祈るような気持ちだし、もしそれを見つけてもらえたら、お守りのようにそっと記憶の片隅においてもらえるとうれしいです。

こうして、手に取りやすいサイズの文庫本として作品にできた喜び、一生ものです。夢がひとつ叶いました。

それでは、またお会いできる日まで。

E-girls とのかけがえのない日々、支えてくれた心の広い優しいスタッフ、そして家族にも友人にも、愛と感謝を込めて。

山口 乃々華

●文・手書き文字
山口乃々華

● 撮影
加瀬健太郎

●ヘア&メイクアップ
福田 翠（Luana）

●アートディレクション
松浦周作（mashroom design）

●デザイン
江田智美（mashroom design）

●アーティストマネージメント
林 賢宏（LDH JAPAN）
古谷武士（LDH JAPAN）
黒崎勇太（LDH JAPAN）
佐藤理佳子（LDH JAPAN）
須藤 梢（LDH JAPAN）

●編集
舘野晴彦（幻冬舎）
平山由紀子（幻冬舎/GINGER）
近藤美里（幻冬舎/GINGER）

この作品は、GINGER公式WEBサイトに連載（2019年3月14日〜 2020年12月24日）された「ののペディア」を加筆、修正したエッセイの他、撮りおろし、書きおろしを加えて構成したものです。

ののペディア
心(こころ)の記憶(きおく)

山口乃々華(やまぐちののか)

令和3年2月5日　初版発行

発行人————石原正康

編集人————高部真人

発行所————株式会社幻冬舎

〒151-0051東京都渋谷区千駄ヶ谷4-9-7

電話　03(5411)6222(営業)
　　　03(5411)6211(編集)

振替　00120-8-767643

印刷・製本———図書印刷株式会社

装丁者————高橋雅之

検印廃止

万一、落丁乱丁のある場合は送料小社負担で
お取替致します。小社宛にお送り下さい。
本書の一部あるいは全部を無断で複写複製することは、
法律で認められた場合を除き、著作権の侵害となります。
定価はカバーに表示してあります。

Printed in Japan © Nonoka Yamaguchi 2021

幻冬舎文庫

ISBN978-4-344-43064-8　C0195

や-43-1

幻冬舎ホームページアドレス　https://www.gentosha.co.jp/
この本に関するご意見・ご感想をメールでお寄せいただく場合は、
comment@gentosha.co.jpまで。